KB024209

온라인
모객의
기 술

1일 1포스팅 하지 않고 모객하는 6단계 비법

온라인 모객의 기술

1인기업가 시리즈 2

강기호 월간모객 지음

P:AZIT

차례

Part 1 온라인마케팅에 눈 뜨다

01 경진대회 공모전에서 온라인마케팅을 알다 · 11

02 월 1천 명 고객 모으기, 온라인마케팅만이 가능함을 깨닫다 · 17

03 중고책 온라인마케팅으로 또 다른 머니 파이프라인을 만들다 · 21

04 온라인마케팅의 시작, 모임 플랫폼을 이해하다 · 28

05 온라인마케팅으로 세 가지 비즈니스를 만들어 수익을 창출하다 _부동산 경매 교육 · 37

Part 2 1단계: 한 줄로 설명한다

01 온라인마케팅, 홍보하지 말고 고객을 모아라! · 49

02 지피(知彼) : 고객이 얻을 혜택을 알리고, 나를 믿게 만들어라 · 56

03 지기(知己) : 고객의 구매를 이끌 매력적인 광고 카피 한 문장 만들기 · 62

04 백승(百勝) : 고객의 반응을 끌어내라! · 72

Part 3 2단계: 고객을 그린다

01 페이스북 마케팅을 활용한 핵심 고객 설정하기 · 83

02 고객 DB 수집으로 비즈니스 구매 전환하기 · 90

03 핵심 고객 설정 실전 사례① : 중고책 비즈니스 · 95

04 핵심 고객 설정 실전 사례② : 부동산 경매 교육 · 101

05 핵심 고객 설정 따라 하기 · 105

Part 4 3단계: 판매할 곳을 정한다

01 1인 1플랫폼 시대, 플랫폼으로 수익 창출하는 방법 · 115

02 모객 플랫폼 특징①(블로그, 카페, 유튜브) · 122

03 모객 플랫폼 활용방법①(블로그, 카페, 유튜브) · 128

04 모객 플랫폼 특징②(이벤터스, 온오프믹스, 페스타) · 135

05 모객 플랫폼 활용방법②(이벤터스, 온오프믹스, 페스타) · 139

Part 5 4단계: 전략을 수립한다

01 온라인마케팅의 핵심, 네이버 키워드 · 149
02 네이버 데이터랩으로 고객의 키워드 트렌드 파악하기 · 154
03 네이버 키워드 검색량과 경쟁률 파악하기 · 160
04 네이버 연관검색어로 내 플랫폼(블로그) 상위 노출시키기 · 167
05 고객의 마음을 사로잡는 핫 키워드 찾는 방법
(feat. 핫 키워드 확산하는 꿀팁) · 174

Part 6 5단계: 랜딩시킨다

01 온라인마케팅의 정수(精髓), 비즈니스 랜딩페이지 · 185
02 비즈니스 랜딩페이지 기획하기 · 191
03 비즈니스 랜딩페이지 실제로 만들어보기 · 197
04 랜딩페이지 실전 사례① : 내 플랫폼에서 직접 모객 · 204
05 랜딩페이지 실전 사례② : 모임 플랫폼에서 모객하기 · 211

Part 7 6단계: 피드백한다

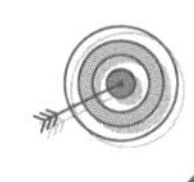

01 네이버 블로그 통계로 내 블로그 유입률 높이기 · 223

02 네이버 블로그 통계 200% 활용방법① : 방문 분석 · 230

03 네이버 블로그 통계 200% 활용방법② : 사용자 분석 · 237

04 네이버 블로그 통계 200% 활용방법③ : 크리에이터 어드바이저 · 248

05 유입 검색어 트렌드로 블로그 상위 노출과 유입률 높이는 꿀팁 · 255

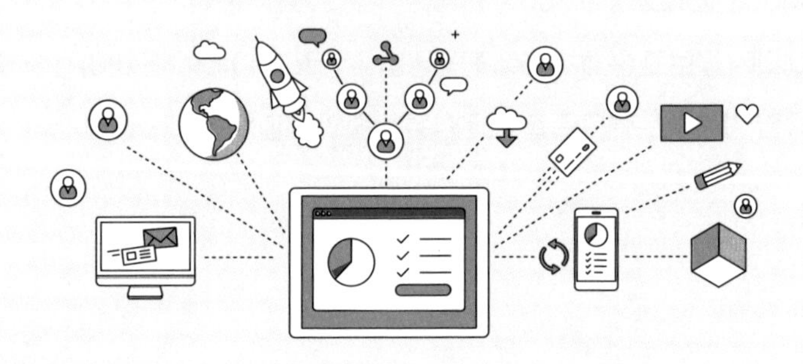

Part 1

온라인마케팅에 눈 뜨다

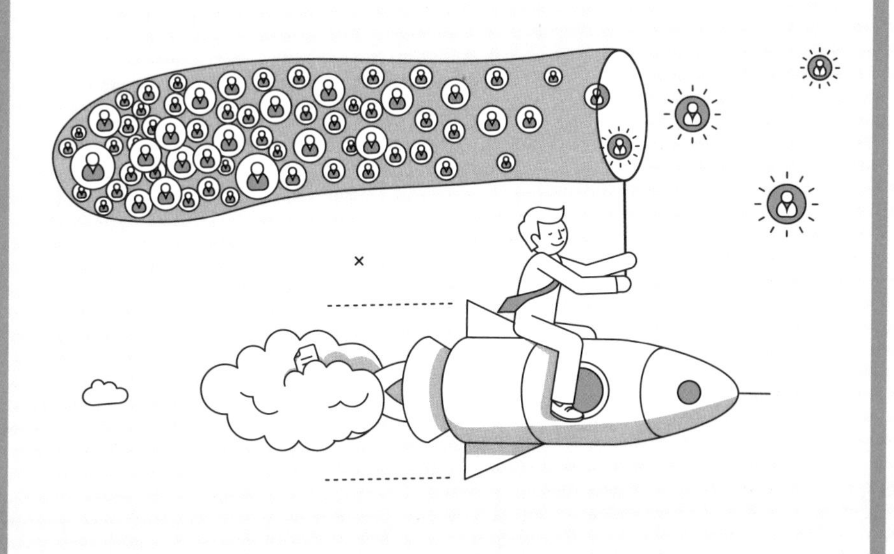

01

경진대회 공모전에서 온라인마케팅을 알다

"참가자 모으기? 모객? 그게 뭐죠?

회사에 와서 경진대회를 맡고 나서야 대회 참가자들을 직접 모집해야 한다는 것을 알게 되었습니다. 1년에 한 번 열리는 창업경진대회에 제일 중요한 KPI(핵심성과지표)는 참가자 수였습니다. 2017년에 입사하고 대회 담당자가 이 사업을 제게 인수인계해 주면서 KPI에 대해 이야기해 줬었는데, 그때는 몰랐습니다. 제가 온라인 모객 전문가로 거듭날 줄은.

2016년 참가자 300명 목표치는 매해 5% 증가로, 2017년 목표는

380명이었습니다. 전임자가 바통을 이어받아 이미 세팅을 다 해뒀기 때문에 참가자 모집 홍보를 시작하기만 하면 되는 상황이었습니다. 그런데 요즘 시대에는 도저히 이해할 수 없는 포스터 배포, 버스 스티커 광고와 같은 오프라인 홍보를 여전히 하고 있었고, 당시 모객에 대해 아무것도 모르는 제가 봐도 이건 아니라는 게 딱 눈에 보였습니다. 이미 세팅을 해놓은 상태라 그대로 실행해야 했지만, 다행히 400팀으로 KPI를 달성했습니다.

오롯이 저 혼자 창업경진대회를 모객해야 했던 2018년, 이 사업에도 아주 큰 변화가 일어났습니다. 새로 온 센터장이 성과 내기 좋은 사업으로 창업경진대회를 택하면서, 15년의 기존 방식대로가 아닌 모객이 더 많이 될 방법을 찾아야 했습니다. 그렇게 2018년부터 저의 본격적인 온라인 모객 업무가 시작됐습니다.

시작은 '포스터'였습니다. 일단 해마다 비슷했던 포스터 시안을 바꿔야 했습니다. 제가 디자이너로 입사한 것은 아니지만 포스터 디자인 시안을 고치기 시작했고, 수정에 수정을 거쳐 한 달이 걸려서야 포스터 시안 수정이 완성됐습니다. 어렵게 포스터 시안의 산을 넘고 나니, 이번에는 '버스 광고'란 산이 나타났습니다.

사실 버스에 광고하라는 지시를 받고 국민의 세금이 이렇게 낭비되는구나 싶어 화가 났습니다. 왜 꼭 종이에 인쇄해서 기관마다 포스터를 부착해야 하는지, 사람들은 눈길도 안 주는 버스에 스티커를 붙여야 하는지 이해되지 않았습니다. 왜냐하면 저는 경진대회 모객의 성패는 온라인마케팅에서 결정된다는 사실을 이미 알고 있었고, 그 당시에도 이미 지원자들은 거의 온라인으로 경진대회를 인지하고 신청했기 때문입니다. '내가 의사결정자라면 홍보 예산을 모두 온라인으로 집행하라고 했을 텐데' 하는 마음에 조금 답답했습니다.

그래서 저는 할 수 있는 최대한 온라인마케팅에 힘써야겠다는 의지로 모객을 했습니다. 어떻게 하면 온라인마케팅으로 한 명이라도 더 경진대회에 참가하게 할 수 있을까? 예산을 쓰지 않고 하는 방법은 무엇이 있을까? 대회 시작부터 끝나는 순간까지 저는 이 두 가지 질문을 스스로에게 던지며 온라인마케팅에 시간과 노력을 집중적으로 투자하였습니다. 참여자를 모으기 위해 전국에 있는 창업 지원 기관의 홈페이지와 담당자를 파악하고 리스트로 정리하여, 하나라도 더 많은 기관에게 온라인으로 경진대회를 알리고자 했습니다. 일반적으로 홍보 담당자들이 하는 광고 콘텐츠 게재 요청 외에도 실제 대회에 참가할 수 있는 우수한 창업자 추천을 요청했습니다. 은행에서 VIP 고객을 관리하는 것처럼 이 대회에 참가하는 우수 창업자를 VIP 고객으로 여기고 온라인을 통해 추천받아 별도로 고객 명단을 만들어 대회에 참가하도록 권유하였고, 실제로 24팀이 대회에 참가하였습니다.

이처럼 온라인마케팅에 온 힘을 쏟아부은 결과, 2018년에는 참가 인원 900팀을 넘겼고 2019년에는 1천 팀을 넘어서는 역대급 성과를 이뤄냈습니다(참고 기사 : http://www.newscj.com/news/articleView.html?idxno=707778).

센터장은 이러한 사업 성과를 다른 기관에 자랑하였습니다. 센터장이 주력 사업으로 내세웠는데 좋은 성과를 이루니 자랑할 만했겠지요. 하지만 담당자인 저는 어떻게 1년 사이에 두 배 넘게 참가자가 늘었을까를 생각했습니다.

2017년부터 여성창업경진대회 참가자 모객을 같이 한 주식회사 윈트윈과 이제까지 했던 마케팅을 분석했습니다. 결론은 홈페이지(플랫폼), 네이버(플랫폼/블로그 키워드 뉴스) 등 온라인 공간의 모객 활동으로 유입된 사람이 70%가 넘었습니다. 그때 생각했습니다. 회사 사업이 아니라 내 사업을 온라인으로 알린다 여기고 열과 성을 다해보자고 말이죠.

2018년에 933팀의 기록을 동네방네 자랑한 센터장은 2019년 행사를 앞두고 이번에는 참가 인원 1천 팀을 넘기라며 사업 목표를 아예 처음부터 못박았습니다. 직원들도 운 좋게 900팀이 넘은 거지, 이번에는 그보다 못 미칠 거라고 했습니다. 여러 예측과 기대를 앞에 두고, 저는 저만의 계획대로 움직이기 시작했습니다. 예산은 전년과 같았지만, 홍보 방향은 온라인에 집중하였습니다. 회사에서는 여전히 오프라인 홍보를 중요하게 생각했으므로 포스터는 만들어야 했기에,

그렇게 만든 포스터 이미지 파일을 온라인으로 뿌렸습니다. 보란 듯이 1천 팀을 넘기겠다는 일념으로 한 군데라도 더 연락해서 온라인으로 뿌렸습니다. 하루에 100군데도 넘게 통화하였고, 마감 한 달 전부터는 모객을 함께한 주식회사 인트윈과 오픈 채팅방을 체크하며 1천 팀을 넘기기 위해 온라인 공간을 이잡듯 찾아내 대회를 알렸습니다.

하지만 회사의 일원이었기에 제가 원하는 방법으로만 홍보를 할 수는 없었습니다. 저는 이 사업의 예산 4천만 원을 모두 온라인마케팅에 쓰고 싶었으나, 회사는 포스터 제작에 더욱 집중하였습니다. 포스터가 있어야 경진대회를 효율적으로 알릴 수 있다고 생각하는 것 같았습니다. 포스터는 무엇보다 완성물을 만드는 데 시간이 오래 걸립니다. 종이에 인쇄하고, 색이 잘 나왔나 검수하고, 찢어지지 않게 코팅하고, 지관통에 돌돌 말아 넣고, 전국 발송할 곳에다 모두 발송하는 것만으로 끝이 아닙니다. 발송한 포스터가 도착하는 데만 2~3일 걸리고, 그걸 받아서 자기네 게시판에 부착하는 데 걸리는 시간까지 생각하면 포스터를 만드는 것은 비효율적이었습니다.

온라인은 포스터 디자인 작업이 끝나면 바로 온라인으로 뿌릴 수가 있으니 시간과 비용이 훨씬 절감되는 효과가 있습니다. 홍보는 1분이라도 먼저 노출하는 게 핵심 아니겠습니까? 회사에서는 가장 중요한 것을 놓치고 기존의 낡은 방식을 그대로 고수하고 있으니 너무 답답했습니다.

백번 양보해서 포스터를 만든다고 쳐도 다른 경진대회와의 차별점을 부각시키거나 보는 사람들의 시선을 끌 수 있는 카피라이팅이 필요한데, 그런 것에 대한 고민은 하나도 없이 이 대회의 참가 자격, 접수 기간, 수상 혜택 등 단순한 정보만 적어 놓고 참가하라니. 이런 흐름으로는 이 대회에 참가하고 싶은 생각이 들게 하는 매력 포인트가 하나도 없었습니다.

제가 온라인 모객을 주제로 책을 쓰게 된 이유는 세 가지였습니다.

첫째, 내가 아무리 매력적인 콘텐츠를 갖고 있어도 이것을 온라인상에서 알리지 못하고 고객을 모으지 못하면 아무 소용없다는 것을 깨달았기 때문입니다. 둘째, 온라인마케팅에서 개인 플랫폼의 영향력은 절대적인데 1인 기업가들, 그중에서도 이제 막 자기 콘텐츠로 모객을 하려는 분들에게 당장 플랫폼이 없어도 스스로 모객해서 수익을 만들어 내는 방법을 알리고 싶었습니다. 셋째, 이미 대박 나고 잘 팔리고 있는 온라인(오프라인) 콘텐츠들의 비결이 도대체 무엇인지, 어디에도 명확하게 알려주지 않아 답답했습니다. 그 이유는 생각해 보면 당연합니다. 공짜로 고급 노하우를 알려주는 사람은 없을 테니까요. 그래서 저는 5년 넘는 시간 동안 필드에서 직접 경험한 온라인 모객 비법, 그중에서도 온라인 모객 목표 100%를 달성할 수 있는 상세페이지 기획 비법을 공유하려 합니다. 잘 따라오세요.

★★★

02 월 1천 명 고객 모으기, 온라인마케팅만이 가능함을 깨닫다

경진대회 온라인 모객은 희한하게도 오프라인 포스터가 만들어진 후에 시작됩니다. 포스터가 나와야 다른 기관의 홈페이지 공지사항 같은 곳에 올려달라고 할 수 있다고 생각하는 것입니다. 꼭 이렇게 해야 할까요? 앞서도 말했지만 모객 홍보는 시간 싸움인데 말이죠. 하루라도, 한 시간이라도, 1분이라도 먼저 노출시켜야 하는데, 오프라인 제작을 마쳐야 온라인 홍보를 한다는 게 비효율적이라고 생각했습니다.

이 대회를 운영하면서 발견한 흥미로운 사실은 온라인 모객에서도 제일 효과가 높았던(참가자 유입률이 제일 높았던) 방법은 포스터 뿌리기가 아니었습니다. 바로 우리나라 창업 대표 플랫폼인 K-Startup 홈페이지에 경진대회를 개최한다는 공지사항 글을 올리는 것이었습니다. 이는 포스터 없이 글로만 작성한 콘텐츠였고, 아직 오프라인 포스터를 제작하기도 전에 먼저 홈페이지에 올렸던 것이었죠. 당연히 여기에 투입된 예산은 0원이었습니다. 모집 두 달 전부터 공지를 띄어 놓았고, 나중에 모객을 마감한 후에 유입 경로를 알아보니 K-Startup 홈페이지가 압도적으로 높았습니다. 이것도 2월에 한 번 띄어 놓기만 했는데 이 정도의 효과를 보았으니, 보다 전략적으로 온라인 모객을 했다면 접수 마감 D-1까지 단계별로 공지를 띄워서 유입을 시켰을 겁니다.

먼저 경진대회를 예고편처럼 티저 광고(꼭 영상이나 이미지가 아니어도 한 줄의 카피라이팅도 괜찮습니다)로 호기심을 자극하고, 이 대회에 참가하면 참가자들에게 어떤 혜택이 있는지를 알려주는 거죠. 이때 혜택에 대해서 단순히 정보 나열을 하는 게 아니라, 실제 이 대회에 참가한 사람의 후기를 모아 한 편씩(1주 단위 등) 올려 알려주는 겁니다. 여성창업경진대회에 참가해서 대상을 받은 사람, 경력 단절을 극복하고 수상한 사람, 대기업 경력을 갖고 창업하여 수상한 사람, 육아에서 아이디어를 얻어 수상한 사람 등 자기와 동일시할 수 있는 실제 수상자(참가자)의 이야기로 홍보하고, 글을 올릴 때 실제 참가자의 얼굴이 나온다면 더욱 좋겠지요.

제가 앞 장에서 온라인마케팅으로 모든 예산을 쓰고 싶다고 한 것이 바로 이때입니다. 개인이 혹은 기업이 실제 후기 영상 등 콘텐츠 제작 능력이 부족하다면 영상 전문 제작사와 같은 곳에 외주를 주는 겁니다. 아니면 모바일에 최적화된 카드 뉴스를 만들어서 알릴 수도 있고요. 카드 뉴스는 디자인 감각이 없어도 만들 수 있습니다. 이처럼 후기를 영상이나 이미지로 만들어 온라인 콘텐츠로 온라인마케팅을 하는 거죠.

이렇게 '아! 나도 참가해야지. 그럼 이 대회는 어떤 대회지?' 하고 궁금증을 유발한 후, 경진대회에 참가할 사람에게 정보를 제공합니다. 모객하는 기관의 입장에서는 당연히 대회 정보를 모조리 알려주고 싶겠죠? 하지만 너무 많은 정보를 주게 되면 상대방은 정보량에 피로감을 느끼고, 더 나아가서는 그 정보를 받아들이는 걸 거부할 수도 있습니다. 그런데 대부분의 공모전 포스터(이것도 천편일률적이기는 하죠)의 레이아웃을 보면 페이지의 절반을 정보(텍스트)로 꽉꽉 채웁니다. 스마트폰으로 이 포스터를 본다고 생각해보세요. 눈도 피곤하지, 정보량도 너무 많지, 얼마나 피로를 느끼겠습니까. 그래서 정보를 제공할 때도 간결한 카피라이팅이 중요한 것입니다. 스마트폰으로 볼 때 정보량이 적절하고, 1~2초 잠깐 봤어도 머리에 기억될 만한 문구 또는 해시태그(검색어)를 심어주는 것이죠. 예를 들어, '여성창업경진대회 수상 꿀팁 3가지'처럼 제목부터 주목도가 높으면 혹여나 바빠서 내용을 못 보더라도 제목이 기억에 남아 다시 접속할 수 있을 겁니다.

2017년부터 다섯 번의 경진대회를 직접 운영하면서 온라인으로 참가자를 모아야 효과가 가장 좋다는 것을 알았습니다. 목표 고객을 초과하여 모을 수 있었던 것은 바로 온라인마케팅에 모든 노력을 기울였기 때문이었죠. 무엇보다 이 대회를 5년 동안 하면서 얻게 된 가장 큰 수확은 이 경진대회에 참가할 만한 사람들의 머릿속에 각인될 수 있는 플랫폼을 가지고 있어야 한다는 걸 깨달은 것이었습니다. 다음 장부터 본격적으로 온라인 모객 마케팅에 대해 다룰 텐데요. 온라인 모객은 모두 플랫폼을 활용한다고 해도 과언이 아닙니다. 이 내용은 실전 방법으로 자세히 설명하겠습니다.

03 중고책 온라인마케팅으로 또 다른 머니 파이프라인을 만들다

회사에서 경진대회 모객을 하며 얻은 노하우를 제 사업에 적용해보고 직접 운영하면서 온라인마케팅 실전 능력을 키우고 싶었습니다. 그래서 중고 물품을 사고파는 '중고책 부업'을 시작했습니다. 식당처럼 오프라인 매장을 열지 않고, 네이버 블로그라는 온라인을 전략적으로 활용하는 것입니다. 여기서 왜 '전략'이란 단어를 썼느냐, 이제부터 차근차근 설명하겠습니다.

직장인처럼 정해진 일과 한정된 시간, 특정 공간에 있어야만 하는 경우 오프라인으로 다른 비즈니스를 하는 건 매우 어렵습니다. 못 하는 건 아니나, 다만 사장인 내가 관리할 수 없는 시간이 길어져서 제대로 운영되지 못하는 경우가 부지기수입니다. 저는 온라인으로 운영하는 중고책 사업을 존경하는 멘토님에게 배워서 직장에 있는 시간에도 마케팅을 하고, 고객 영업을 하고, CS(고객 만족 관리)까지 할 수 있었습니다.

우선은 네이버 검색 키워드를 잡는 것으로 비즈니스를 시작해, 네이버 블로그에 온라인 매장을 만들어서 제 가게를 알렸습니다. 그때 깨달은 사실 하나! 내가 아무리 글을 잘 써도 고객이 생각하고 검색하는 키워드를 사용하지 않으면 모두 헛수고라는 사실입니다. 우리는 지식 자랑을 하는 게 아니라 내 콘텐츠(서비스)를 고객에게 더 많이 알리고, 팔고 싶은 게 목적이잖아요. 블로그, 톡, 문자 등으로 온라인마케팅을 하면서 '이 온라인이라는 매체야말로 고객(상대방)에게 신뢰를 줘야 하는 것이구나. 그렇다면 어떤 방법으로 신뢰를 줄 수 있을까?'를 계속 연구했습니다. 고객은 내 얼굴도 모르고, 내가 뭘 하는 사람인지도 모르고, 어디 사는지도 모르는데 어떻게 신뢰를 줄 수 있을까요?

보통 중고책방은 블로그에서 매입 가격을 가장 높게 제시하는 것(마케팅에서 가격 경쟁 전략)으로 고객을 모으려고 하는데, 저는 이 전략을 사용하지 않았습니다. 매입 비용이 늘어날수록 결국에 사업자가 가져가는 수익은 점점 줄어들기 때문에 효율적이지 않은 방법이라고 판단했기 때문입니다. 먼저 중고책방 제품을 믿을 수 있다는 것을 잠재 고객(블로그 방문자)에게 계속 알리고, 인지시키려고 노력했습니다. 구체적인 방법을 알려드리면, 첫째로 나와 거래한 고객과의 대화(문자)를 인증샷(증빙)으로 보여주고, 실제 고객의 답변 등의 반응을 같이 보여줬습니다. 이때 당시에는 잘 몰랐는데, 온라인마케팅을 더 깊이 연구하다보니 이것이 고객 후기가 되더라고요.

중고책 중 아동 전집의 경우, 중고제품 거래 중에 비교적 고가로 거래되는 것들이 많은데 10만 원 이상 되는 제품도 온라인에서 판매가 이뤄집니다. 저는 〈그레이트북스〉의 '으랏차차 한국사, 세계사, ○○○' 3종 중고책을 97만 원에 판매했습니다. 중고책 거래 플랫폼에 책의 내부 사진을 찍어 올렸는데, 한 세트에 40권이 넘는 책들의 속지 사진을 모두 촬영해서 고객에게 보내주고 확인을 시켜준 뒤 책을 보내줬습니다. 그러고는 블로그에 고객에게 보낸 문자 캡처 이미지와 이메일 캡처 이미지 등을 모아서 판매 후기를 올렸습니다. 그다음 네이버 키워드 상위 노출 방법으로 포스팅을 했습니다.

누군가는 이렇게 말할지도 몰라요. "헉, 뭐라고요? 40권이 넘는 책들의 속지 사진을 찍어 이메일로 보내고, 고객에게 문자로 인증샷을 보내 확인까지 시켜주고 책을 판다고요? 그건 오프라인 노동 아닌가요?" 맞아요. 그러나 요점은 이런 수고를 직장에서 노동하는 방식처럼 평생 할 필요가 없다는 겁니다. 5번 이내로 이렇게 정성 들여 하고, 그것을 나만의 후기로 잘 녹여서 블로그 포스팅을 하면 되는 것이지요. 이게 누적이 되어 네이버 검색에 쌓이면 내 블로그 안에 링크를 걸어서 파도타기를 시켜, 방문자(잠재 고객)가 계속 내 후기를 보도록 해서 내 중고책방에 신뢰감을 심어주는 겁니다.

아래 링크 주소로 들어가면 제가 실제로 블로그에 올린 판매 후기 포스팅을 보실 수 있습니다(https://blog.naver.com/ddoongmul/221914121693).

수익인증 >

(9월 수익인증) 마음 먹으면 할 수 있구나를 알려준 중고책사업(feat. 기부금)

동이아빠 탑클래스반 1:1 채팅
2020.10.04. 16:39 조회 335

댓글 28 URL 복사

반가워요
동이아빠예요
우리 동이들과 함께 지낸지
벌써 3달이 넘었더라구요

100일의 기적이라고 들어보셨나요?
태어나서 새벽에 깨고 울고
배앓이하면서 1시간 넘게 울던 아기들이
100일이 지나면 언제 그랬냐는듯이
밤 8시만 되도 잠이 들고 말이죠

아기 하나 키우기도 힘든데
아기 둘을 동시에 키우면 얼마나 힘들지 상상이 안 간다고
하시는 분들이 있더라구요
여기에 중고책사업까지ㅎㅎ
하지만! 동이아빠는 힘들다는 생각을 하지 않아요

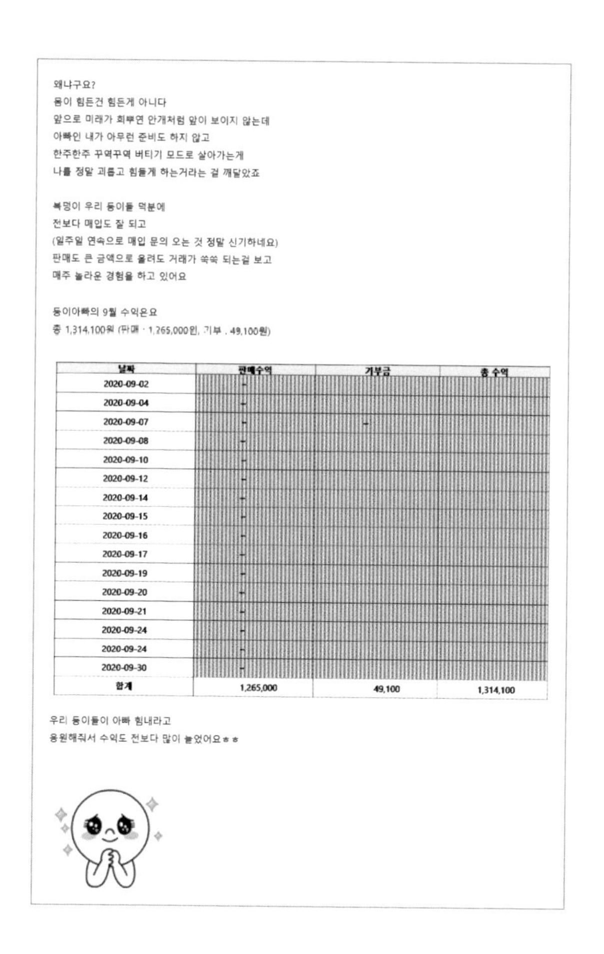

왜냐구요?
몸이 힘든건 힘든게 아니다
앞으로 미래가 희뿌연 안개처럼 앞이 보이지 않는데
아빠인 내가 아무런 준비도 하지 않고
한주한주 꾸역꾸역 버티기 모드로 살아가는게
나를 정말 괴롭고 힘들게 하는거라는 걸 깨달았죠

복덩이 우리 동이들 덕분에
전보다 매입도 잘 되고
(일주일 연속으로 매입 문의 오는 것 정말 신기하네요)
판매도 큰 금액으로 올려도 거래가 쑥쑥 되는걸 보고
매주 놀라운 경험을 하고 있어요

동이아빠의 9월 수익은요
총 1,314,100원 (판매 · 1,265,000원, 기부 . 49,100원)

날짜	판매수익	기부금	총 수익
2020-09-02	-		
2020-09-04	-		
2020-09-07	-	-	
2020-09-08	-		
2020-09-10	-		
2020-09-12	-		
2020-09-14	-		
2020-09-15	-		
2020-09-16	-		
2020-09-17	-		
2020-09-19	-		
2020-09-20	-		
2020-09-21	-		
2020-09-24	-		
2020-09-24	-		
2020-09-30	-		
합계	1,265,000	49,100	1,314,100

우리 동이들이 아빠 힘내라고
응원해줘서 수익도 전보다 많이 늘었어요ㅎㅎ

여러분들이 아이를 위한 책을 구매하려고 네이버 검색을 하다가 이 글을 봤을 때 '우와! 진짜 책 사진을 다 찍어서 보여줬네. 이 책 정말 비싼 건데 여기 중고책방은 진짜 정직하게 장사하는구나. 믿고 구매할 수 있겠는데?' 하는 이런 긍정적인 느낌이 든다면 구매 확률이 높아지겠죠?

중고 물품뿐만 아니라 어떤 상품(또는 서비스)을 판매할 때 우리가 잘못 알고 있는 내용이 하나 있습니다. '소비자(고객)는 가격이 저렴한 것을 구매할 것이다'라는 것! 저는 이 말이 반은 맞고, 반은 틀렸다고 말합니다. 왜냐하면 저는 위에서 알려드린 후기 마케팅 방법으로 25만 원이 넘는 중고책을 한 달 만에 3세트를 팔았고, 그달 수익이 100만 원을 넘었기 때문입니다.

이번 장의 내용은 다음과 같이 정리해볼 수 있겠습니다. 집중하세요!

첫째, 네이버 블로그 키워드로 내 중고책방을 알립니다. 시작은 '방문 매입 환영해요' 등 무난하게 출발합니다.

둘째, 중고거래 플랫폼에 판매할 책을 올릴 때, 구매자에게 '나는 정직한 판매자'임을 인증샷 등으로 확인시켜주며 신뢰감을 심어줍니다. 그리고 고객에게 신뢰감을 주는 노력과 함께, 어떻게 하면 수고를 줄이고 내가 팔고자 하는 상품(또는 서비스)을 팔 수 있을지를 늘 생각해보세요. 이 과정에서(저의 사례처럼) 두세 번의 노동력이 투입될 수는 있겠지만 그것은 어디까지나 온라인마케팅을 위한, 궁극적으로는 나 대신 일해줄 블로그(플랫폼)를 위해 터를 닦는다고 생각하면서 조금만 힘을 내보자고요. 여러분들이 반드시 기억해야 할 것은 내 상품을 구매하는 고객들의 마음속을 어떻게든 들여다보려고 노력해서, 내가 사달라고 매달리고 홍보하지 않아도 고객들이 저 제품을 구매해야겠다는 마음이 저절로 생기게 해야 합니다.

셋째, 내 제품을 구매하겠다는 사람의 연락을 받으면(톡이나 문자 등) 그 고객과 채팅을 하면서 기록을 남깁니다. 이 기록은 판매 후기에 매우 요긴하게 쓰일 자료가 되니까요. 구매자가 자기 손으로 직접 채팅한 톡이나 문자메시지 대화 화면을 잘 캡처해서 후기 데이터를 확보하세요.

넷째, 거래가 이뤄진 후에는 고객 만족도(보통 기업에서 제품 이용 만족도 조사 설문을 하듯이)를 기록에 남길 수 있게 문자 등으로 잘 받았냐고 물어봅니다. 그리고 그중에서 만족한다는 내용으로 성의 있게 답장을 남겨준 기록을 캡처해서 판매 후기에 올립니다.

마지막으로 네이버에서 중고책 구매를 검색하는 사람들(잠재 고객)이 검색할 만한 키워드를 잡아서 블로그에 포스팅합니다.

저는 중고책 온라인마케팅에 대해 다뤘는데, 중고책 같은 제품 말고도 온라인 콘텐츠와 같은 무형 서비스도 후기 마케팅으로 고객에게 신뢰감을 주고 교육 구매를 하도록 할 수 있습니다. 그 내용은 다음 장에서 상세하게 다뤄보도록 하겠습니다.

★★★

04 온라인마케팅의 시작, 모임 플랫폼을 이해하다

중고책방 블로그와 중고거래 플랫폼으로 월 100만 원을 벌면서 깨달은 사실 하나가 있습니다. '아! 정말 시스템만 잘 만들어 놓으면 내가 일하지 않고도 알아서 월급 이상의 수익을 낼 수 있겠구나.' 이런 생각이 든 저는 욕심을 내서 중고책 창업을 가르치는 대표님에게 같이 프로젝트를 하자고 먼저 제안했습니다. 어떤 프로젝트냐, 바로 중고책 창업 강의 수강생을 온라인에서 모으는 겁니다. 이 분은 수강생 중에 사업을 잘하고 있는(월 수익 100~200만 원을 내는) 사람들의 중고책 부업 경험담을 블로그에 포스팅해서 중고책 사업 교육 카페를 알리는 서포터즈 마케팅을 하고 있었습니다. 여기서 뭔가 비슷한 게 딱 떠오르시나요? 기업 체험단 블로거와 유사하죠. 중고책 교육 서포터즈를 통해 세미나에 온 사람들이 수강 결제를 하면 중개 수수료처럼 소정의 소개비로 수익을 내는 겁니다. 블로그만 잘 쓰면 되고, 내가 올린 콘텐츠 1개로 수십 명이 들어와 결제할 수도 있는 거니까 괜찮은 부업이죠.

그래서 저도 처음에 '박봉일기'라는 블로그로 시작했습니다. 여기에도 블로그 글 쓰는 전략이 있는데요. 처음에는 내가 비즈니스 제안하려는 중고책 창업 특강 내용을 언급하지 않고, 일상적인 이야기를 포스팅하는 겁니다. 가령, '금요일 저녁에 ○○○ 패밀리 레스토랑에 갔는데 거기서 먹은 스테이크가 정말 맛있더라'처럼 말이죠. 이렇게 약 30여 건을 포스팅하고 내가 만든 블로그 키워드가 상위에 노출되었을 때, 중고책 부업 이야기를 포스팅하는 겁니다.

하지만 생각과는 다르게 블로그 포스팅하기가 어려웠습니다. 왜냐하면 블로그는 계속 콘텐츠를 만들어서 포스팅해야 하는 디지털 노동이더라고요. 그래서 나의 노동력을 최소한으로 하면서 한 번에 수십 명을 모을 방법을 찾기로 했습니다. 그 방법은 바로 '타이탄의 어깨에 올라타기'입니다. 네이버 인플루언서처럼 매일 많은 이용자가 모이는 특정한 온라인 공간에 내가 만든 콘텐츠를 침투시키는 겁니다.

이 방법을 먼저 창업경진대회 참가자 모객에 적용했습니다. 대한민국 창업자들이 가장 많이 접속하는 플랫폼, K-스타트업(www.

k-startup.go.kr) 홈페이지는 우리나라 정부 기관(중소벤처기업부 등) 예산으로 지원하는 창업 지원사업이 총 망라된 곳이라서 창업자들이 가장 많이 방문하고 정보를 얻어가는 곳입니다. 예를 들어, 내가 2022년 사내벤처 육성 프로그램 개방형 분사창업기업 모집을 맡은 담당자라면 제일 먼저 무엇을 해야 할까요? 여기서 무엇을 해야 한다는 의미는 이 사업의 담당자로서 더 많은 사람이 모집공고(콘텐츠)를 보고, 사업에 참가 신청을 하게 하는 효과적인 방법을 찾아 실행하는 겁니다. 제가 창업자라면 네이버에 '창업'이라는 키워드를 검색해서 기본적인 정보부터 얻고자 할 거예요. 검색하면 파워링크 광고가 보이고 그 아래 제일 먼저 나오는 게 'K-Startup 창업지원포털' 홈페이지입니다.

대부분의 사람들은 광고를 피하고 건너뛰는 심리가 있어서 파워 링크 광고는 넘어갈 겁니다. 그렇다면 창업자들의 시선은 바로 여기 K-Startup 홈페이지를 향할 것이고, 십중팔구 여기를 클릭해서 자기가 얻고자 하는 창업 정보를 찾으러 링크를 타고 이동하겠죠.

링크 주소로 들어가면 메인화면이 나오는데, 여기서 창업자들은 두 가지 방법으로 정보를 검색할 겁니다. 첫째, 신규 사업 공고 클릭하기. 둘째, 오른쪽 상단에 있는 돋보기를 눌러 자기가 생각한 키워드 검색하기.

K-스타트업에 얼마나 많은 사람이 방문하는지 간접적으로 아는 방법이 있습니다. 바로 게시글의 조회 수를 확인하는 겁니다. 2022년 사내벤처 육성 프로그램 개방형 분사 창업기업 모집공고를 보면 조회 수가 5,279로 나옵니다. 다른 게시글도 조회 수 1천 건 이상이 넘는 것을 확인할 수 있습니다. 창업 지원사업에서 온라인 모객 핵심은 창업이라는 주제로 많은 사람이 모이는 공간에 내가 만든 콘텐츠를 노출시키는 거예요. 콘텐츠를 만드는 방법은 아주 간단합니다.

K-스타트업 홈페이지에 올릴 공고문 양식을 다운로드해서 양식에 맞게 작성한 뒤 홈페이지 관리자에게 업로드 요청을 하면 끝입니다. 누군가는 "아니, 창업 지원사업 담당자 중에 이 방법을 모르는 사람이 어디 있어요?"라고 말하겠죠. 제가 말하고 싶은 것은 이 방법을 사업 담당자가 왜 제일 먼저 해야 하는지 그 이유를 알자는 겁니다.

공모전과 같이 참가자를 모으는 사업의 경우 참가자들에게 설문으로 어떤 경로를 통해서 이 대회를 알게 되었는지 인지 경로를 물어보게 됩니다. 이때 참가자들이 가장 많이 응답하는 비율은 K-스타트업 홈페이지인데, 사업 홍보를 위해 기관에서 예산을 투입하는 수백 개의 웹 포스터와 카드 뉴스보다 돈을 들이지 않고 올린 공고 1개의 홍보 효과가 압도적이라는 겁니다. 이것을 온라인마케팅 관점에서 접근하면 이렇게 풀이할 수 있습니다. 사람들이 온라인 공간에서 '창업'이라는 키워드로 머릿속에 제일 먼저 떠오르는 것은 'K-스타트업 홈페이지'이고, 따라서 여기에 창업자들이 가장 많이 방문해서 정보를 얻으러 옵니다. 창업 공모전 담당자는 창업자라는 고객이 내 사업에 참여하도록 노출시켜야 합니다. 그래서 많은 창업자들을 만날 수 있

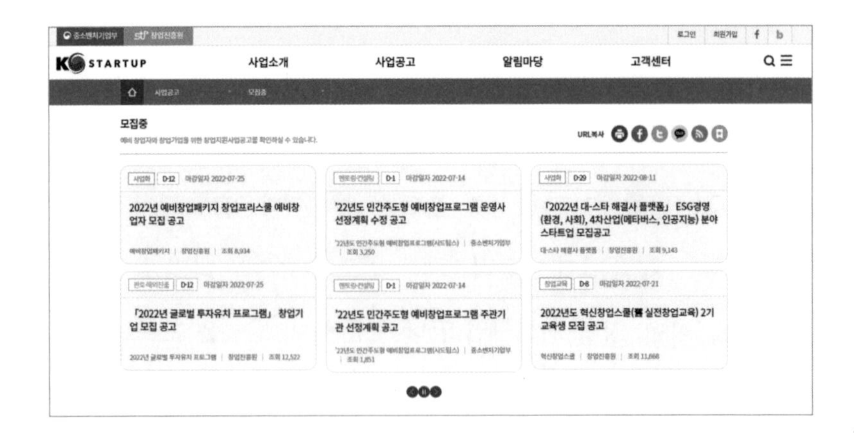

는 'K-스타트업' 플랫폼에 자신의 사업을 알려야 합니다.

제가 중고책 창업 교육으로 온라인 모객(마케팅)을 본격적으로 시작하게 되었을 때, '타이탄의 어깨에 올라타기'의 원리와 방법을 가장 먼저 적용해서 실행했습니다. 가장 먼저 '사람들이 사업이나 창업 성공자를 만나 성공 방법 등 세미나 강연 정보를 가장 많이 찾는 플랫폼은 어떤 게 있을까?'를 생각했습니다. '이벤터스'라는 플랫폼은 홈페이지 레이아웃을 보면 앞서 소개한 K-스타트업과 비슷한 점이 많습니다. 상단에 카테고리가 보이는데, 이 중에서 내가 찾고자 하는 사업/창업을 클릭해서 들어가면 다음과 같은 화면이 나타납니다.

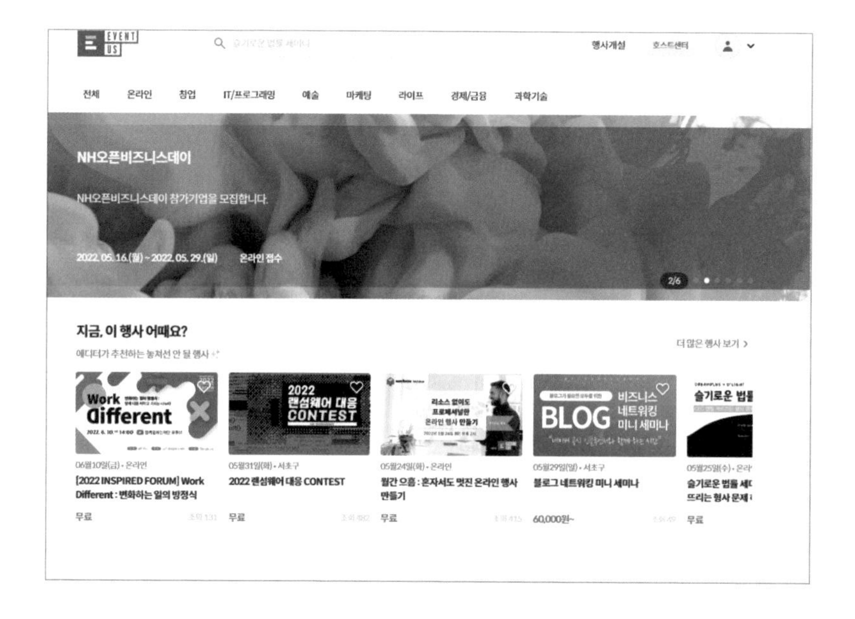

이 플랫폼은 사업 정보를 배너 이미지로 시각화시켜서 내가 강조하고 싶은 사업 강점들을 표현하기가 훨씬 수월합니다. 배너 이미지 오른쪽 아래 텍스트 영역에는 바로 조회 수가 표시됩니다.

실제로 제가 했던 중고책 창업 교육 수강생 모집을 보여드리면서 설명하겠습니다(https://event-us.kr/aWl98sj0IHhS/event/33717).

< 중고책 부업으로 월200만원 벌기 >

네이버 부업/투잡 대표카페
중고책창업센터(노랑반디) 바로가기

https://cafe.naver.com/atomgun23/15051

만약 당신이 이 글을 끝까지 읽는다면
당신은 이미 상위 3%입니다
왜냐구요?
지금부터 그 이유를 알려드리겠습니다

여러분은 회사에서 주는 월급에 만족하시나요?

"월급만으론 먹고 살기 어려워" 직장인 절반 투잡·스리잡
(출처:중앙선데이)
https://news.joins.com/article/24086004

인정하고 싶지 않지만
월급만으로는 살기가 너무 팍팍한게 현실이죠
엎친데덮친격으로 코로나19로
평생직장이 사라지는 속도가 더 빨라지면서
이제 부업(투잡)은 선택이 아니라 필수인 시대가 온 것 같습니다

부업은 어떤 게 있을까요?
아니 정확하게 이렇게 말해야겠죠
직장을 다니는 사람에게 맞는 부업은 어떤 것이 있을까요?

배**민족 라이더?
시간/장소/운송수단에 구애받지 않고
퇴근 후에 30분만 투자하면 월 20만원 정도 부수입을 얻을 수 있다고 하네요

월 20만원?
부수입이 없는 것보다 버는 게 당연히 낫지만
어딘가 모르게 부족한 금액이라는 생각이 자꾸 든 건 왜일까요?

그렇다면 중고책 부업(투잡)으로
월 200만원을 벌 수 있다고 하면 어떨까요?

이 말을 들은 보통의 97% 사람들은 이렇게 답할 것입니다
"200만원이면 월급 수준인데 그게 부업으로 가능한가요?
말도 안되는 얘기 하지 마세요"

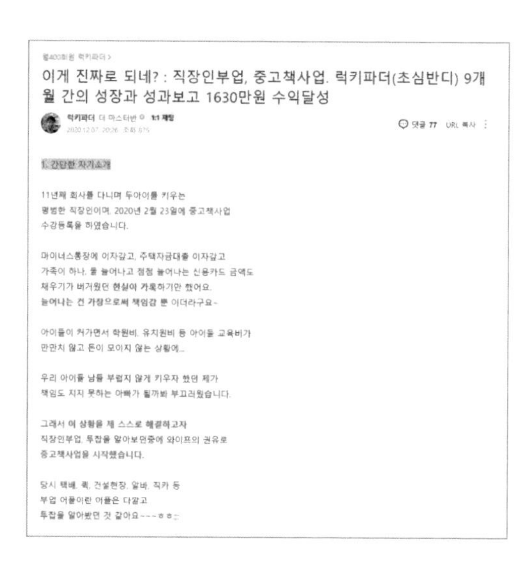

이게 진짜로 되네? : 직장인부업, 중고책사업. 럭키파더(초심반디) 9개월 간의 성장과 성과보고 1630만원 수익달성

럭키파더 더 마스터반 1:1 채팅

2020.12.07. 20:26 조회 875

댓글 77 URL 복사

1. 간단한 자기소개

11년째 회사를 다니며 두아이를 키우는
평범한 직장인이며, 2020년 2월 23일에 중고책사업
수강등록을 하였습니다.

마이너스통장에 이자갚고, 주택자금대출 이자갚고
가족이 하나, 둘 늘어나고 점점 늘어나는 신용카드 금액도
채우기가 버거웠던 현실이 가혹하기만 했어요.
늘어나는 건 가장으로써 책임감 뿐 이더라구요~

아이들이 커가면서 학원비, 유치원비 등 아이들 교육비가
만만치 않고 돈이 모이지 않는 상황에...

우리 아이들 남들 부럽지 않게 키우자 했던 제가
책임도 지지 못하는 아빠가 될까봐 부끄러웠습니다.

그래서 이 상황을 제 스스로 해결하고자
직장인부업, 투잡을 알아보던중에 와이프의 권유로
중고책사업을 시작했습니다.

당시 택배, 퀵, 건설현장, 알바, 직카 등
부업 어플이란 어플은 다깔고
투잡을 알아봤던 것 같아요~~~ㅎㅎ;;

이벤터스가 제공하는 페이지 형식에 맞게 작성해서 올리면 되는데, K-스타트업 플랫폼과 다르게 중고책 창업을 효과적으로 알릴 수 있는 카드 뉴스를 활용할 수 있다는 장점이 있습니다. 저는 망고보드(https://www.mangoboard.net) 툴을 이용해서 중고책 창업 교육 수강생 모집 온라인 모객 페이지를 만들어서 행사를 개설했습니다. 이벤터스에 들어온 A라는 사람이 중고책 창업 2월 세미나를 신청하면 참가 신청완료 인원이 잡히고, 관리자 모드에서 몇 명이 신청했는지 인원수와 함께 신청자 정보를 확인할 수 있습니다.

이렇게 온라인마케팅으로 고객을 모으기 위해서는 기본적으로 고객을 받아서 줄을 세우고 관리할 수 있는 온라인 플랫폼이 필요합니다. 그래서 어떤 사업을 하더라도 플랫폼을 만들라고 하는 것이죠. 앞

서 언급한 예시들 역시 이 원리를 따르고 있습니다. 지금 당장 내 플랫폼을 만들기 어려운 경우라면 이벤터스와 같은 모임 플랫폼 툴을 활용해서 고객을 모으고 관리해보세요. 그리고 이들 플랫폼에서는 고객 DB 관리를 편리하게 할 수 있도록 다양한 툴을 제공하고 있습니다. 이것을 활용해서 툴을 만드는 데 걸리는 시간을 줄이고, 온라인 마케팅으로 고객을 더 많이 모으는 방법을 연구하며 시간을 생산적으로 사용하시길 바랍니다.

★★★ 05 온라인마케팅으로 세 가지 비즈니스를 만들어 수익을 창출하다_부동산 경매 교육

중고책으로 온라인 모객을 하면서 한 번 제대로 만들면 다음부터는 많은 노동력을 들이지 않아도 사람을 모을 수 있다는 것을 알았습니다. 그러면서 퍼뜩 이런 생각이 났습니다. '다른 것으로 온라인 모객해서 수익이 들어오는 현금 파이프라인을 하나 더 만들어보자. 머니 파이프라인 가지 수를 늘리면 돈이 들어올 확률이 더 높아질 거야.'

그 후 저는 부동산에 관심을 두다가 A 강사님의 경매 콘텐츠를 듣고, 강사님이 경매 강사를 키운다는 모임에 갔습니다. 경매 강사가 되고 싶어서 그 자리에 간 건 아니었습니다. '그 자리에 가면 강사가 되려고 온 예비 강사들이 있을 거야. 그들은 경매를 왜 배우려고 할까? 그 이유는 경매 초고수 강사님에게 잘 배워서 강사님처럼 경매 강사로 돈을 많이 벌고(월 1천만 원 이상) 싶어서일 거야.' 이런 생각을 하면서 설레는 마음으로 모임에 갔습니다. 그곳에는 8명 정도가 있었는데, 각자 화려한 경력을 가진 분들이었습니다. 자기소개 시간이 되었고, 드디어 내 차례가 되었습니다. 그때는 무슨 자신감이 샘솟았는지, 저를 '온라인마케팅 전문가'라고 소개했습니다. 그러면서 자기소개 마지막에 모임에 온 8명에게 영업 멘트를 날렸습니다. "여기 계신 분들이 강사님의 지도를 받아 경매 콘텐츠를 시작하실 때 교육 수강생 온라인 모집에 도움을 드릴 수 있습니다"라고 말이죠. 그때 저의 당돌한(?) 자기소개 덕분인지 제 이력에 관심을 보인 한 분과 온라인 모객에 대해 이야기를 더 나누다가, 부동산 강사님의 경매 교육에 수강생을 모으는 비즈니스를 함께 해보기로 했습니다. 이 동업 비즈니스 역시 직장을 다니면서, 정확히 말하면 직장에 있는 시간에도 온라인 모객을 진행했습니다. 부동산 경매 온라인 모객을 어떻게 했는지 이제부터 알려드리겠습니다.

부동산은 사람들이 재테크 수단으로 이미 잘 알고 있습니다. 그리고 사람들은 부동산으로 많은 부를 얻기 위해 전문가들을 찾아 적지 않은 교육비를 지불하고 그들의 노하우를 배웁니다. 또한 잘하고 싶은 마음에 스스로 정보 검색을 합니다(네이버, 구글, 다음 등 다양한 검색

포털이 있지만 한국은 네이버가 검색 시장을 장악하고 있기 때문에 앞으로 검색 이야기는 네이버를 기준으로 하겠습니다). 네이버 검색으로 강사님을 찾으니 이미 부동산 경매 전문가임을 알 수 있는 정보들이 많이 있었습니다.

온라인 수강생 모집에서의 핵심은 '내가 고가의 수강료를 지불했을 때 수강료 이상으로 결과를 얻을 수 있는가? 이 강사가 과연 믿을 만한 사람인가?'라는 고객의 생각에 확실한 답변을 보여줌으로써, 고객의 머릿속에 있는 두 가지 의심을 지우는 것입니다. 저는 이 생각을 토대로 모객 페이지를 만들었습니다. 여기서 명심해야 할 것은, 우리는 소설가처럼 화려한 미사여구로 글쓰기를 하는 게 아니라는 사실입니다. 여러분의 목적은 잠재 고객, 즉 예비 수강생이 콘텐츠 소개 상세페이지를 읽고 수강 신청(결제)을 하게 하는 겁니다. 서비스가 돋보이고, 잘 팔리게 하는 홍보 글을 쓴다는 사실을 꼭 기억하세요.

저는 수십 개의 경매 콘텐츠 중, A 강사님 콘텐츠의 차별점을 찾으려고 많이 노력했습니다. 콘텐츠 특징을 한 줄 문장(카피라이팅)으로 적기, 강사가 믿을 만한 경매 강사임을 인증할 수 있는 영상(경제방송 출연 영상, 유튜브 출연 영상) 모으기 등. 특히, 워리어스 유튜브 채널에서 강사님의 인생 스토리가 나오는데, 이것을 페이지에 스토리텔링했습니다(https://event-us.kr/aWl98sj0IHhS/event/33462). 어려운 가정환경에서 자라 경매로 인생 역전한 이야기로, 글을 읽는 사람들이 자기 이야기처럼 감정이입하도록 말이죠. 그리고 글 아래에 유튜브 링크

●
임경민 대표 인터뷰 1부 영상 바로보기

https://www.youtube.com/watch?v=EIlbC2-YMs4

"어린시절에 지하 셋방 방 두 칸 짜리
집인데 바로 논 옆에 있는 집에 살았어요.

여름인데 비가 억수같이 오는데 논에 있던
물이 집으로 들어왔어요. 그날 저녁 우리 부모님은 나를 책상에

올려놓고 밤새 그 물을 퍼내셨어요. 그때
난는 '우리 집은 왜 이렇게 가난한거지?"우리 부모님은 정말 성실하신분인데..." 생각이 들었어요.

초등학교 3학년 이사를 갔는데 역시 지하
셋방으로 갔어요. 옆집과 구분하기 위해 합판으로

가림막 할 정도로 열악한 곳이었어요.
거기서 2년을 살다가 아버지께서는 더는 안 되겠다 싶어서 해외근로자 일을 시작했어요."

**40대가 되신 어머니는 복덕방(現
부동산)에서 2년 일하시다가 중개인으로 독립해서 정말 열심히 하시고, 돈을 많이
버셨어요.**

**만원짜리가 그렇게 수북하게 쌓인
모습은 그 때 처음 봤어요.**

**부동산이 잘 되고 어머니께서 안산에
아파트를 매입해서 태어나서 처음으로 아파트로 이사를 갔어요.**

를 걸어 첫 번째 의심을 제거할 장치를 설치했습니다. 두 번째 의심인 '내가 이 강사의 경매 콘텐츠와 컨설팅을 받고 부동산 낙찰을 받아 수익을 낼 수 있는지'를 지우는 방법은 수강생들의 낙찰 후기(카카오톡)를 강사님에게 받아 첨부하는 방법이 하나 있고요. 강사가 수강생들에게 재개발 정보를 제공하는 모습과 수강생의 수익 창출을 돕기 위해 쓴 글, 기사, 현장 사진 등을 넣어서 수강생들을 지속해서 챙

기는 강사의 모습을 고객의 눈으로 확인시켜주는 방법이 있습니다.

이렇게 두 가지 의심을 제거하면 고객은 이 콘텐츠를 수강할지 말지 고민하게 됩니다. 우선 특강에 오도록 고객에게 정신 무장을 시키는 문장(카피)을 사용하는 게 중요합니다. 콘텐츠 참석비 1만 원을 보증금으로 받는다는 내용을 적고, 보증금을 받는 이유를 이렇게 카피해요. '여러분이 신청하고 특강 날 빠진 이 자리는 다른 누군가에게는 꼭 필요한 자리일 수 있습니다.'

그리고 도발 기법을 사용합니다. 우리 뇌는 자극을 주면 머릿속에 각인되어 기억하게 되는데요. 우리 뇌가 일반적으로 학습한 문장과 다른 내용을 접한다면 어떻게 반응할까요? 혹시 지금 여러분의 머릿속에 떠오르는 문구가 있나요? 바로 말하기 어려운가요? 제가 사용한 예시를 한번 보면 다른 예시가 생각날 거예요. '제 콘텐츠는 경매를 마스터하려는 분들은 들을 필요가 없습니다' 이렇게 하면 어떤가요? 이 글을 읽은 사람은 '뭐야? 경매 고수한테 배우는데 마스터하는 게 왜 안 돼? 심지어 자기한테 배우지 말라고까지 하네? 뭐지?' 하는 궁금증을 갖고 다음 문장을 전보다 더 관심 있게 볼 거예요. 이때, 뇌에 띵! 하고 충격을 주는 카피를 쓰는 거죠. '수업을 듣는 이유는 경매로 돈을 버는 게 목적입니다. 우리는 경매를 공부해서 시험을 보거나 학위를 얻는 게 아니고, 철저히 수익을 내기 위해 하는 겁니다!' 그리고 이에 덧붙여 '권리관계분석 10초 만에 끝내는 비법을 알려준다', '돈 되는 물건을 콕 찍어서 추천해준다' 이렇게 고객을 도발하면서 고객의 뇌를 자극하고 기억에 남기는 겁니다.

잠재 고객의 두 가지 의심을 제거했고, 경매로 돈 벌 사람만 내 콘텐츠를 들으라고 고객에게 정신 무장까지 시켰습니다. 이제 잠재 고객은 나의 고객이 되어 '그래, 저 강사 한번 믿고 제대로 경매를 배워서 돈을 벌어보자'라고 마음먹고, 수강(결제)할 확률이 아주 높겠죠.

경매 온라인 모객 방법을 다음과 같이 정리해보겠습니다.

첫째, 경매 교육 포인트(차별점)를 한 문장으로 적습니다. 한 문장 적기는 콘텐츠 특장점을 모두 적은 다음에 이들을 모두 아우르는 한 문장으로 적어야 합니다.

둘째, 경매 강사와 콘텐츠에 대해 고객이 가질 수 있는 의심을 제거하세요. 이것은 인증샷으로 고객에게 입증하는 단계예요.

셋째, 의심이 사라진 고객에게 도발 기법으로 구매 결정을 끌어내세요.

이해가 쏙쏙 되시죠? 저는 고객의 구매 전환을 목적으로 부동산 경매 강의 온라인마케팅 페이지를 만들었고, 실제로 제가 만든 콘텐츠를 통해 수강 신청을 한 고객이 생겨 1,840,280원의 이익을 얻었습니다. 여러분도 온라인마케팅으로 고객을 모으는 것만으로 한 달 월급에 준하는 돈을 버실 수 있습니다.

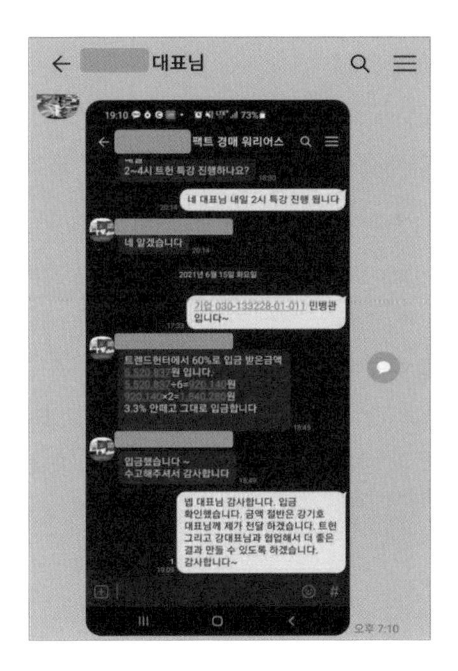
대표님
팩트 경매 워리어스
2~4시 트헌 특강 진행하나요?
네 대표님 내일 2시 특강 진행 됩니다
네 알겠습니다
2021년 6월 15일 화요일
기업 030-133228-01-011 민병관
입니다~
트렌드헌터에서 60%로 입금 받은금액
5,520,837원 입니다.
5,520,837÷6=920,140원
920,140×2=1,840,280원
3.3% 안떼고 그대로 입금합니다
입금했습니다 ~
수고해주셔서 감사합니다
넵 대표님 감사합니다. 입금
확인했습니다. 금액 절반은 강기호
대표님께 제가 전달 하겠습니다. 트헌
그리고 강대표님과 협업해서 더 좋은
결과 만들 수 있도록 하겠습니다.
감사합니다~
오후 7:10

1장 Point!

온라인마케팅으로 또 다른 머니 파이프라인 만들기!

1. 네이버 블로그 키워드로 내 콘텐츠를 알리세요.
2. 정직한 판매자임을 인증샷 등으로 확인시켜주며 구매자에게 신뢰감 심어주세요.
3. 고객과 채팅을 하면서 기록을 남기세요.
4. 거래 후에는 고객 만족도를 기록에 남길 수 있게 문자로 물어보세요.
5. 잠재 고객들이 검색할 만한 키워드를 잡아서 네이버 블로그에 포스팅하세요.

경매 온라인 모객 방법!

1. 경매 교육 포인트(차별점)를 한 문장으로 적으세요.
2. 경매 강사와 콘텐츠에 대해 고객이 가질 수 있는 의심을 제거하세요(인증샷 등).
3. 의심이 사라진 고객에게 도발 기법으로 구매 결정을 끌어내세요.

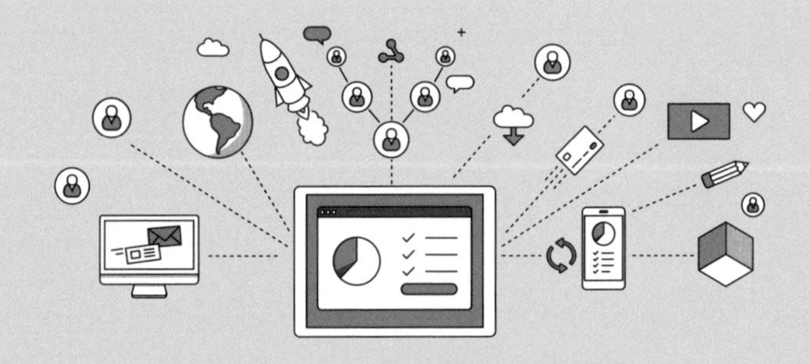

Part 2

1단계 : 한 줄로 설명한다

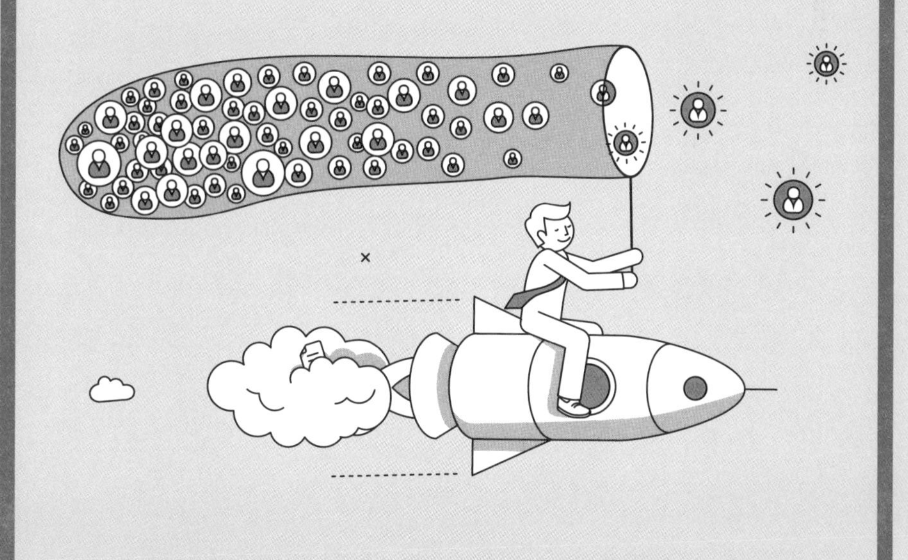

01 온라인마케팅, 홍보하지 말고 고객을 모아라!

온라인마케팅의 본격적인 시작입니다. 온라인마케팅에 들어가기에 앞서, 먼저 마케팅이 무엇인지 생각해봅시다. 네이버 지식백과에서 '마케팅'을 검색하면 '생산자가 상품 혹은 용역을 소비자에게 유통하는 데 관련된 경영 활동'이라고 나오네요. 이해하기 어렵나요? '마케팅marketing'에서 동사 market을 '상품을 광고하다'로 해석하고, 여기 ing를 붙여 동명사로 '상품을 (팔기 위해) 광고하는 행동'으로 풀이하면 훨씬 이해하기 쉽죠. 제가 시작에서 마케팅의 정의를 풀이한 이유는 온라인마케팅도 마케팅의 많은 방법 중 하나이므로, 마케팅을 제대로 이해한다면 온라인마케팅도 잘할 수 있기 때문입니다. 2장부터는 온라인마케팅을 실전(필드)에서 어떻게 활용하는지 알려드릴 건데요. 우선 여러분들에게 '어떻게 하면 온라인 환경에서 내 서비스를 고객에게 잘 알려서 많이 팔 수 있을까'를 집중적으로 다뤄보도록 하겠습니다. 특히, 고객의 생각(뇌 구조)을 읽는 과정을 다룰 테니 잘 따라오세요.

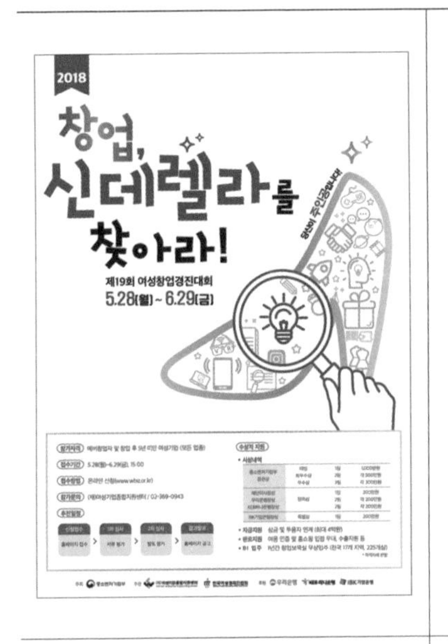

A – 창업, 신데렐라를 찾아라!
(출처 : 2018 여성창업경진대회 웹포스터)

B – USTAR 6기 모집
(출처 : 울산창조경제혁신센터 홈페이지)

여기에 창업 공모전을 마케팅하는 웹 포스터 두 개가 있습니다. 여러분은 포스터 A와 B를 보고 어떤 공모전에 참여하고 싶나요? 그리고 그것을 선택한 이유는 무엇인가요? 물음에 각자 답했다 생각하고, 이제 고객의 뇌 구조로 제가 풀이해보겠습니다.

제가 두 번째로 모객하면서 사용한 A는 디자인에 신경을 많이 썼습니다(아직 온라인모객의 개념을 이해하지 못한 초보 시절이었습니다). 흰 바탕에 골드와 분홍 계열 컬러로 공모전 이름을 부각시켰어요. 그리고 창업, 신데렐라, 접수 기간 숫자에 색깔을 넣고 글씨 크기를 주변보다 크게 만들어서 언제까지 접수하는지를 강조했습니다. 지금에 와서 보면, 고객을 모으는 관점에서 A는 공모전에 참여하고 싶을 만큼 인센티브(어떤 행동을 하도록 사람을 부추기는 것을 목적으로 하는 자극. 특히, 소비자의 구매 의욕을 높이는 것)가 고객(창업자)의 눈에 잘 띄지 않음을 알 수 있습니다.

오른쪽 아래에 작은 글씨로 수상자 지원을 적었는데, 이 부분을 확대해서 살펴보면 다음과 같습니다.

- 시상내역 : 상훈과 상금
- 자금지원 : 상금 및 투융자 연계(최대 4억원)
- 판로지원 : 여움 인증 및 홈쇼핑 입점 우대, 수출지원 등
- BI입주 : 1년간 창업보육실 무상입주(전국 17개 지역 225개실)

* 적격자에 한함

어떠세요? 내가 고객(창업자)이라면 이 혜택을 보고 어떤 생각을 할까요? A 포스터는 자금지원에 최대 4억 원을 명시했는데, 창업 투자금은 실제로 투자계약이 체결되기 전까지는 공개하지 않는 것이 원칙이죠. 금액을 보고 혹할 수도 있지만 창업 투자 생태계를 아는 창업자들이라면 반신반의할 수 있는 내용이고요. 판로지원은 지원내용이 구체적이지 않음을 알 수 있습니다. 무상입주는 창업자에게 매력적인 내용일 수 있지만, 마지막 문장에서 '적격자에 한함'에서 기대가 한풀 꺾일 수 있겠죠. 여러분들도 공감하시나요?

결론적으로 A는 사업 목적 달성에 가장 중요한 고객의 반응을 끌어내는 인센티브를 웹 포스터에 임팩트 있게 표현하지 못했습니다. 온라인 모객을 이해한 지금 시점에서 다시 모객을 한다면 '933팀보다 더 좋은 결과를 만들 수 있을 텐데' 하는 아쉬움이 남네요.

이제 B를 살펴볼까요? USTAR 6기가 무엇인지 알지 못하는 고객이 있을 수 있습니다. 그래서 웹 포스터 메인 자리에 있는 공모전 제목의 오른쪽 상단에 USTAR 1~5기 성과라고 4줄 문장으로 나타냈어요.

- 51개 팀 집중 육성
- 15개 팀 TIPS 선정(TIPS를 모르는 고객들을 위해 팁스 아이콘 이미지를 우측 맨 위에 큰 이미지로 표시)
- 6개 팀 울산창조경제혁신센터 Seed 투자유치(Seed 투자는 창업 초기 기

업의 성장에 필요한 씨앗과 같다고 해서 Seed Money라고 해요)

- 42개 팀, 총 789.7억 원 외부 투자유치

여러분이 고객(창업자)이라고 생각해보세요. 웹 포스터에서 제일 눈에 잘 띄는 대회명 옆에 이 대회의 지난 성과가 4줄로 적혀 있어요. 성과 내용도 수치로 표현했고, 실제로 투자를 얼마만큼 했는지를 구체적인 금액으로 나타냈어요. 저는 사실 이 부분만 봐도 고객이 이 사업에 참여 신청을 할 것이라고 봐요. 이 웹 포스터는 고객의 반응을 끌어내기 위해 이외에도 두 군데에 인센티브 제공을 표시했어요. 하나는 'What we offer' 부분이에요. TIPS부터 NETWORK까지 6가지 항목에 어떤 혜택을 제공하는지 구체적인 수치를 표시했죠. 그리고 오른쪽 상단에 표시한 1~5기 성과를 기억하고 있는 고객들에게 팁스 운영사 연계와 후속 투자유치 기회를 제공한다고 했죠. 또한 투자심사역 1:1 매칭(이것은 맨 하단 Mentors와 연관이 있어요)과 U-STAR Global 프로그램 서류 심사 패스권(해외 진출 프로그램은 경쟁이 더 치열한데 서류 심사를 면제받는다니! 해외 시장 진출을 계획하고 있는 창업자라면 더더욱 이 사업 참여하고 싶겠죠.)의 혜택도 있습니다.

다른 하나는 맨 아래 'Mentors'예요. 이 사업에 참여하면 어떤 투자 심사역이 나를 멘토링 해주는지 창업자(고객)가 제일 궁금할 텐데요. 이 궁금증을 한 장의 이미지로 해결해주고 있습니다. 투자심사역들의 얼굴 사진, 심사역 이름, 기관명 그리고 그 옆에 USTAR 6기. 당신이 우리 사업 USTAR 6기가 되면 이들 중 한 명이 당신의 멘토가 될 거라는 메시지입니다. 긴 문장으로 설명할 필요 없이 창업자들은 이미지만으로 메시지를 파악했을 거예요. B는 철저하게 창업자(고객)들이 USTAR 6기 사업에 참여 신청을 할 수 있도록 이처럼 많은 인센티브를 웹 포스터에 배치했습니다.

이제 A와 B 웹 포스터 스캔을 마친 창업자(고객)가 두 대회 중에 어떤 대회에 참여 신청을 할까요? 어떤 대회인지를 강조하기 위해 디자인에 신경을 많이 쓴 A 대회일까요? 아니면 대회에 참가했을 때 창업자(고객)에게 어떤 인센티브를 주는지 구체적이고 시각적이고 압축적으로 표현한 B 대회일까요? 창업자 대부분은 B 대회를 참여 신청할 확률이 아주 높을 겁니다.

지금까지 웹 포스터로 창업 공모전을 온라인마케팅한 사례 2가지로 고객의 뇌 구조를 분석해보았습니다. 웹 포스터는 온라인마케팅 도구 중에 하나고요. 우리는 이 도구를 활용하여 마케팅해서 대회 참여 신청 등 고객의 반응을 끌어내는 게 목적입니다. 주객전도라고 하죠. 웹 포스터 디자인에 너무 매몰돼서 정작 중요한 고객의 반응을 끌어내기 위한 인센티브 제공을 놓치면 안 되겠죠. 마케팅은 '내가 팔려는 물건 또는 서비스를 고객에게 잘 알려서 많이 팔 수 있을까'가 포인트임을 꼭 기억하세요. 그렇게 하기 위해서는 도구를 잘 다루는 것보다 고객의 심리(뇌 구조)를 잘 파악하는 것을 늘 연구하는 것이 필요함을 잊지 마세요.

02 지피(知彼) : 고객이 얻을 혜택을 알리고, 나를 믿게 만들어라

온라인마케팅은 고객과 비대면으로 만나기 때문에 콘텐츠(글, 이미지, 영상)를 올릴 때 신경을 더 많이 써야 합니다. 세 가지 모두 중요하지만 그중에서도 '글'이 제일 중요하다고 자신 있게 말할 수 있습니다. '유튜브 콘텐츠(영상)가 대세 아니에요?'라고 물어보는 분들이 있는데요. 유튜브 영상이 어떻게 이루어져 있죠? 클릭을 유도하는(어그로 끌기) 제목, 상황에 맞는 재미있는 자막이 있죠. 우리가 영상이라는 매체를 보고 있지만 그것을 이루는 기본 뼈대는 글(텍스트)입니다. 따라서 내가 고객에게 콘텐츠(서비스)를 팔려고 할 때도 가장 중요한 것은 고객의 마음을 움직이는 '구매 전환 글쓰기'를 하는 것입니다. 이런 글들을 '카피라이팅'이라고 하며, 이것은 소설과 같은 문학적인 글과는 목적이 완전 다릅니다. 그래서 여러분들은 '저 글쓰기 못해요', '소질 없어요' 하고 걱정할 필요가 없습니다. 콘텐츠가 잘 팔리는 글쓰기 훈련을 하면 누구나 카피라이팅을 잘할 수 있으니까요. 작문 재능이 있고 없고의 문제가 아니라는 사실을 명심하십시오. 이제 이 장의 내용을 본격적으로 다뤄보겠습니다.

'내 고객의 이익을 적극적으로 알려라!' 이 말을 보다 이해하기 쉽게 말하면 '내 콘텐츠를 이용(결제하고 참여, 수강)한 고객들에게 어떤 이득이 생기는지를 어필하라'는 겁니다. 예를 들어, 내가 토익 강사인데 여름방학 성수기에 돈을 많이 벌고 싶어 '수강생을 많이 끌어모으기 위해서 어떤 방법을 쓸까' 생각했어요. 이때 떠오른 것이 '여름방학 수강료 20% 할인'이에요. 아파트 주변의 쉽게 볼 수 있는 학원 전단지에서 이런 문구를 많이 보셨을 거예요. 당신이 여름방학에 내 토익 콘텐츠를 수강하면 다른 때보다 20% 싼 가격으로 들을 수 있다는 이득을 어필하고 있죠. 고객의 머릿속에는 2가지 키워드가 기억에 남을 거예요. 하나는 '여름방학'이고 다른 하나는 '20% 세일'이죠. 여기서, 예시를 통해 고객에게 제시할 서비스 이득을 글로 표현하는 게 매우 중요하다는 것을 다시 한 번 강조하겠습니다.

위의 예시는 상대적으로 저렴한 가격이 당신에게 이득이 된다는 걸로 어필하고 있습니다. 어떤 서비스든지 가격이 싸다고 하면 혹할 수 있죠. 그렇지만 한편으로는 '이거 비지떡 아니야?'라는 의심을 할 수도 있습니다. 가격 경쟁으로 가격을 점점 낮추면 순이익이 줄어드는 결과가 나오죠. 그렇다면 고객에게 제시할 서비스 이득을 어떤 방향으로 잡아야 할까요? 방향 잡는 방법 세 가지를 알려드릴게요.

첫째, 차별점을 잘 부각했는가.

내 콘텐츠에서 고객에게 제공하는 이익(가치)을 다른 콘텐츠에서도 얻을 수 있다면 그때부터 고객은 더 싼 콘텐츠를 찾으려고 할 겁니다. 그래서 다른 콘텐츠에는 없는 가치가 이것이라고 고객에게 보여주는 거예요. 여기 예를 들어볼게요. 부동산 10배 경매 콘텐츠를 수강하면 경매 초고수 L 강사의 평생 1:1 카톡 컨설팅을 제공한다고 적었어요. 고객은 이 문구를 보면서 이런 생각을 할 거예요. '콘텐츠가 끝나도 강사에게 계속 컨설팅을 받을 수 있다고? 그럼 나도 언젠가는 부동산 1채 이상은 낙찰받을 수 있겠지? 금액이 커서 망설여지지만 강사의 도움을 받아서 부동산 1채를 낙찰받으면? 거기서 버는 수익이면 내가 지불한 수강료의 몇 배를 더 환수하니 이득이겠네. 수강해야지.'

이처럼 콘텐츠 서비스 차별화는 대단한 게 아니고 남들이 귀찮아서 안 하려고 하는 것을 나는 고객을 위해 한다는 것으로 차별점을 어필할 수 있습니다. 중고책 창업 교육의 경우도 보면, 온라인(크몽 등)에 여러 강사가 보이는데요. A 강사는 다른 강사들에게 없는 어린이 전집 출판사 영업사원으로 일했던 경력과 실제 서점을 차려서 경영한 이력으로 어필했습니다. B 강사는 여기서 강사의 얼굴과 이름을 공개하는 방법으로 차별점을 두었습니다. 확실한 공개 검증이죠. 타 강사들은 콘텐츠 후기로 어필하고 있지만 이 분은 온라인에서 자신의 신원을 공개해 고객에게 신뢰감을 심어주었습니다. 콘텐츠 내용에 차별점을 두기 어렵다면 자신을 공개하는 방법 자체만으로도 온라인에서 여러분의 콘텐츠가 확실히 차별화될 겁니다.

둘째, 고객과의 상호작용을 잘 표현했는가.

대부분의 콘텐츠는 일정 기간이 끝나면 후기를 받고 끝내는 경우가 많은데요. 기간이 끝나도 참가자, 수강생들과 계속 소통하고 있음을 이미지로 보여주는 겁니다.

실제 예시로 보여드릴게요. 소통 방법은 SNS를 활용하는 것입니다. 먼저 '1:1 카톡 활용하기'입니다. 수강생들과 가장 쉽고 빠르게 소통하는 방법이죠. 카톡으로 1:1 또는 1:N 방식 모두 200% 활용해보세요. 많은 수강생과 정규과정이 끝나고도 소통을 계속하는 모습, 이보다 더 좋은 건 졸업생 중에 성과를 낸 사람들이 자신의 성공을 자랑하는 이미지 업로드입니다. 오픈 채팅방에 있는 다수의 졸업생이 축하, 격려하는 모습을 잘 캡처하고, 여기에 내가 강조하고 싶은 소통

포인트를 하이라이트(강조) 표시를 하세요. 1:1 채팅방 이미지는 이렇게 활용해보세요. 친밀하게 소통하고 있는 수강생 사례(이미지) 1개를 고른 다음, 다음과 같이 Before & After 스토리텔링을 하는 거예요. 중고책 사업을 몰랐던 A 수강생이 강사를 만나 이렇게 바뀌었다고요. 1) 월급에 준하는 월 수익을 벌고 있다. 2) 그랬더니 삶의 여유가 생겼다. 3) 표정이 밝아졌다. 4) 불확실한 미래에 대한 두려움이 사라졌다. 친밀도가 높은 수강생이라면 동의를 얻어 인터뷰 영상을 만들어서 올리는 거예요. 인터뷰 영상의 핵심 한 컷을 캡처해서 섬네일로 만들고, 카피를 이렇게 넣어보세요. '내 삶의 4가지를 변화시킨 중고책 사업.' 그리고 만든 인터뷰 영상을 첨부하거나 유튜브 채널이 있다면 링크를 연결하세요.

셋째, 실제 고객이 얻을 이익을 입증했는가.

온라인에서 고객은 '내가 이 콘텐츠를 구매하면 손해를 보는 건 아닌가' 하는 의심을 늘 한다고 했죠. 고객이 가질 의심을 제거하는 방법을 알려드리겠습니다. 후기를 이용하는 방법인데, 수강생이 콘텐츠와 컨설팅으로 ○○○만 원 수익을 냈다는 후기를 남기게 하는 겁니다. 여기서 수강생 후기는 내가 만든 플랫폼에 남겨야 합니다(플랫폼이 없다면 다음 콘텐츠 모객을 할 때 모임 플랫폼에 후기를 보강해서 올리면 됩니다). 예를 들어, 중고책 창업 카페에 수강생 수익 인증 후기 게시판

이 있는데, 여기에 회원들이 꾸준히 후기를 올리고 있어요. 회원들이 꾸준히 후기를 올릴 수 있게 하는 방법은 무엇일까요? 바로 인센티브 제공입니다. 후기를 남기면 월 몇 명을 선정해 혜택을 주는 거죠. 블로그 체험단 후기를 쓰면 원고료 5만 원을 주는 것과 비슷한 방법입니다. 진솔한 후기, 잘 쓴 후기 하나로 수강 결제 수십 건이 이뤄질 수 있으니 5만 원이 큰 금액은 아닌 게 되는 거죠.

지금까지 내 서비스의 이익을 고객에게 적극적으로 알리는 방법을 알아봤습니다. 특히, 방향 잡는 방법 세 가지를 실제 사례로 다루었어요. 실제 활용하는 방법인 만큼 여러분들도 적극적으로 활용해보세요.

★★★

03 지기(知己) : 고객의 구매를 이끌 매력적인 광고 카피 한 문장 만들기

1인 기업가나 컨설턴트처럼 자신의 지식서비스를 고객에게 알리고 온라인으로 수강생을 모집할 때, 어디에 포인트를 두고 마케팅 전략을 짜야 할까요?

복잡하고 길게 설명할 것 없이 이 한 줄 문장이면 된다고 생각합니다. "지피지기 백전백승知彼知己 百戰百勝(상대를 알고 나를 알면 백 번 싸워도 위태롭지 않다)." 나와 상대방의 강점과 약점을 충분히 알고 승산이 있을 때 싸움에 임하면 이길 수 있다는 것인데요. 이번 장에서는 나의 콘텐츠나 컨설팅의 강점과 약점을 분석해서 한 문장으로 표현하는 방법에 대해 알아보는 시간을 가져보도록 하겠습니다.

본격적인 설명에 앞서 메이저 부동산 경매 교육기관에서는 어떻게 자신들의 교육(컨설팅) 서비스를 알리고 있는지 살펴보겠습니다. 여러분들이 부동산 경매 콘텐츠를 검색하면 건국대 부동산경매과정, 박문각, 해커스, 랜드프로, 에듀윌, NPL 등 파워링크에 노출되어 있는 메이저 경매 교육기관들이 제일 먼저 눈에 들어올 겁니다.

파워링크 광고는 검색 광고 전문기업에서 일정 금액을 받고 검색 광고를 네이버에 띄워주는 겁니다. 네이버 검색 상단에 노출될수록 당연히 단가가 높겠죠. 그래서 규모가 작은 1인 기업이나 컨설턴트 입장에서는 이처럼 마케팅 비용을 지불하고 수강생을 모집해서 수익을 내기 어렵습니다. 또 파워링크 1페이지에 나온 기업들과 비교했을 때, 우리처럼 1인 기업이나 컨설턴트의 인지도는 낮은 편이라서 검색 광고를 해도 실제로 콘텐츠를 신청할 확률이 낮겠죠.

그렇다면 내 콘텐츠를 어떤 방법으로 알려야 할까요? 바로 내 콘텐츠를 들을 수강생들에게 나의 콘텐츠가 당신들에게 어떤 점에서 매력적인지를 한 문장으로 뽑아내는 것입니다. 고객(수강생)들은 내 콘텐츠에 대해서 강사인 나처럼 자세히 알고 싶지 않습니다. 그럴 시간도 없을 것이고요. 따라서 '이 콘텐츠로 내가 무엇을 얻을 수 있는가'를 5초 안에 고객의 머릿속에 각인시킬 필요가 있습니다.

그게 안 되면 다른 보통의 부동산 경매 콘텐츠들처럼 검색하다가 스쳐 지나가겠죠. 그래서 우리는 스마트폰이나 PC에서 내 콘텐츠 소개 페이지를 봤을 때 고객(수강생)의 머릿속에 한 번에 기억될 만한 문구(카피라이팅)를 뽑아내야 합니다.

카피라이터(상품이나 기업을 홍보하기 위해 신문, 잡지, 포스터 등에 그래픽 광고, TV CM, 라디오 CM, 웹사이트와 배너 광고 등에 사용하는 문구, 캐치프레이즈를 쓰는 것을 직업으로 하는 사람)라는 직업이 따로 있을 만큼 전문적인 영역이라고 하죠. 그렇다고 우리가 카피라이터에게 내 콘텐츠 카피라이팅을 맡길 필요는 없습니다. 이것 또한 막대한 비용이 들 테니까요. 내 콘텐츠(컨설팅) 서비스를 한 문장으로 표현하는 방법을 실제 사례로 알려드릴게요.

제가 의뢰를 받아 온라인 모객을 했던 부동산 경매 특강 강사의 콘텐츠는 다른 경매 콘텐츠와는 다르게 부동산임대로 월세나 전세를 받아 수익을 만드는 구조가 아니었습니다. 철저하게 단기 매매도 1년, 2년, 그보다 더 짧게는 2~3개월 안에 몇 천만 원 이상의 수익을 내는 게 포인트였습니다. 강사 본인이 경매 낙찰을 받은 사례 중에 자기자본금(투자금)의 10배 이상 수익을 낸 사례가 있었고, 이 점이 이 강사의 경매 콘텐츠의 강점이었습니다. 기존에 모 교육기관에서 10배 경매학교라는 네이밍(상표나 회사 따위의 이름을 짓는 일)으로 온라인 모객을 하고 있었는데, 수강생들에게 어필할 만한 이 콘텐츠의 매력 포인트 한 줄이 눈에 띄지 않았습니다. 경매에 대해 전혀 모르는 사람들이 봤을 때 '10배 경매학교'가 어떤 뜻인지 모를 것이라고 생각했습니다.

그래서 저는 이 강사님의 콘텐츠 온라인 모객 문구를 '[10배 경매학교] 투자수익률 1000% 만드는 노하우'라고 카피라이팅 했습니다. 여러분은 이 문구를 보고 어떤 생각이 드시나요? 저는 기존의 '10배 경매학교'라는 문구보다 더 눈에 들어오고, 콘텐츠에 호기심이 생기리라 생각합니다. 아마 고객도 '이 콘텐츠는 투자금의 1000%를 얻는 방법을 알려주는구나! 10배씩이나? 도대체 경매로 어떻게 돈을 벌 수 있는 것일까? 그래, 그럼 한번 알아보러 콘텐츠를 들어볼까?'라고 생각할 겁니다.

이처럼 내 콘텐츠(컨설팅)의 강점을 파악해서 한 줄 문장으로 고객에게 표현하면 내가 원하는 방향으로 고객의 행동을 유도할 수 있습니다. 여기서 원하는 방향이란 특강을 수강하고, 정규 콘텐츠까지 수강 결제하도록 하는 것이죠.

또 하나의 사례가 있습니다. '중고책 창업(부업) 강의'인데요, 이 아이템은 일반인들에게는 생소해서 부동산 경매 교육처럼 사람들이 '중고책 창업'으로는 검색하지 않을 것을 알았죠. 그렇다면 이런 경우에는 어떻게 (온라인) 모객을 해야 할까요?

이 강사님은 중고책 창업이 부업으로 월 200만 원 이상 수익을 낼 수 있음을 강조했고, 본업으로 일하는 시간 외에 주말이나 평일 저녁처럼 여유가 있는 시간을 활용해서도 할 수 있는 1인 창업이라고 했습니다.

저는 바로 이 내용으로 고객들에게 중고책 창업 강의를 소개하는 매력적인 한 줄 문장을 뽑았습니다. '중고책 부업으로 월 200만 원 벌기' 이 문구를 보고 여러분이 예비 수강생이라면 어떤 생각이 들까요? 고객은 '뭐? 부업으로 월 200만 원을 벌 수 있다고? 중고책? 그게 뭐지? 궁금한데 한번 알아볼까?' 하며 중고책 창업 강의에 호기심을 가질 겁니다.

'그럼에도 내 콘텐츠(컨설팅)의 강점을 한 문장으로 표현하기가 어렵다면 어떻게 해야 할까요?'라고 질문을 주는 분들이 있는데요. 이럴 때는 다른 사람이 만들어서 온라인 모객을 하고 있는 교육(컨설팅) 온라인 모객 페이지를 벤치마킹하는 방법이 효과적이라고 말씀드릴 수 있습니다.

온라인 콘텐츠 모객 플랫폼 중에 '크몽'이나 '탈잉' 같은 홈페이지에 들어가서 부업, 투잡 교육 카테고리를 접속하면 부동산 경매처럼 교육(컨설팅) 모객 페이지가 많이 보일 텐데요. 이 중에서 교육생 후기가 많거나 평점이 높은 콘텐츠를 선택해서 제가 알려드린 '나의 콘텐츠(컨설팅) 서비스 강점을 한 문장으로 표현하기'로 그 페이지를 분석하고, 시뮬레이션해보는 겁니다. '나라면 이 콘텐츠 서비스 제목을 이렇게 카피라이팅 하겠다'라고 말이죠.

정답은 없으니까 너무 부담 갖지 마세요. 실제로 해보면 '아! 내 콘텐츠(컨설팅) 제목은 이렇게 뽑아내면 되겠구나!'라고 감각이 생길 겁니다. 추가적으로 크라우드펀딩 플랫폼 '와디즈'에 나온 교육(컨설팅) 펀딩 모객 페이지를 5개 정도 찾아서 분석해보는 것을 강력하게 추천해드립니다.

제목은 수강생이 내 콘텐츠에 관심을 끌게 만드는, 고객과 첫 번째로 만나는 지점입니다. 경쟁하는 다른 콘텐츠들 속에서 내 콘텐츠를 고객이 선택하려면 제목부터 클릭해서 본문으로 들어와야겠죠. 그런데 여기서 재미있는 사실은, 콘텐츠 제목은 맨 마지막에 지어야 한다는 겁니다. 왜냐하면 내 콘텐츠의 차별점을 분석해서 여러 개의 문장으로 정리하는 과정을 반드시 거쳐야 하기 때문입니다.

헤드라인은 고객이 콘텐츠 제목에 관심(호기심 등)을 보이고 콘텐츠 소개의 맨 처음 접하는 지점입니다. 제목 안에 또 하나의 제목이 있는 셈이죠. 따라서 앞선 제목처럼 본문 안에서 제일 마지막에 만들어 나오는 게 헤드라인입니다.

이제부터 저의 실제 사례로 제목 짓기와 본문 헤드라인 만드는 법을 알려드리겠습니다. 먼저 상세페이지에 들어갈 본문을 쓰는 겁니다. 본문은 다시 시작-중간-끝으로 삼등분이 되죠. 본문 시작은 헤드라인이기 때문에 제일 마지막에 만듭니다. 저는 중간에 들어갈 내용을 이렇게 구성했습니다. 고객이 얻을 혜택을 두괄식으로 기억하기 쉬운 문구로 적는 것이죠. 예를 들어 '10배 경매 콘텐츠를 수강하면 당신은 다섯 가지 능력을 얻게 됩니다'라고 한다면, 여기서 언급한 다섯 가지 능력을 중요도 순으로 순위를 매겨둡니다. 고객이 가장 끌려 할 만한 것부터 우선순위대로 1)부터 5)까지 적으세요. 다섯 가지가 넘으면 정보량이 너무 많습니다. 그러면 고객이 피로감을 느껴서 다음 내용에 집중을 못하니 내 콘텐츠에 자랑하고 싶은 것들이 많아도 절제가 필요합니다. 이 정보를 접하는 고객의 심리를 생각하세요. 고객 중심으로 사고하는 거예요.

제가 정한 다섯 가지의 순위는 이렇습니다. 1) 경매로 부동산 1건 이상을 낙찰받고 수익을 낼 수 있다(수익, 돈). 2) 경매 초고수를 나의 평생의 멘토로 두고 활용할 수 있다(전문가의 평생 컨설팅). 3) 경매 초고수가 추천하는 경매 물건 정보를 1년 동안 제공받을 수 있다(양질의 정보). 4) 혼자서도 경매 입찰을 할 수 있는 능력이 생긴다(자립 능력 배양. 이때, 혼자 하면 불안해할 고객도 있으니 당연히 멘토 피드백이 있다고 안심시키는 문장을 삽입합니다). 5) 검증된 재개발 정보를 얻을 수 있다(정보의 신뢰성).

여러분들의 콘텐츠 혜택을 카피라이팅 할 때 이 방법을 참고해보세요. 클릭과 구매 전환 효과로 이어질 겁니다.

이렇게 해서 다섯 가지 능력을 고객에게 어필했다면, 다음 단계에서 고객은 의심하기 시작할 겁니다. '이 콘텐츠를 들으면 정말로 다섯 가지 능력(혜택)을 얻을 수 있어? 사기 아니야?' 여기서 우리는 고객의 의심을 제거해줘야 합니다. 각각에 대해 증명을 해 보이는 거죠. 1) 수익에 관해서는 이 콘텐츠를 실제로 들은 수강생이 낙찰받은 이미지를 캡처해서 입증합니다. 2), 3), 5)는 수강생의 질문에 전문가가 답변을 해주는 카톡 대화창을 캡처하고 인증합니다. 이러한 건수는 많으면 많을수록 좋습니다. 4)는 교육과정(커리큘럼) 문구를 적을 때부터 자립 능력을 키울 수 있다고 고객에게 각인시켜야 합니다. 실례를 들어볼게요. 처음 경매를 배울 때 가장 어려워하는 파트가 권리분석이라고 하죠. 이 콘텐츠 커리큘럼에는 '부동산 물건 권리분석 혼자서 10초 만에 끝내기' 파트가 있어서 어려운 권리분석을 단 10초 만에 해결하는 방법을 알려줄 뿐 아니라 전문가가 도와준다고 알려줍니다. 이것은 영상을 활용해서 실제 물건 권리분석 과정을 보여줄 수 있습니다. 이게 제일 나은 방법이고요. 영상이 부담스러우면 권리분석 과정을 줄글로 적어서 보여줘도 괜찮습니다.

이처럼 콘텐츠 혜택 우선순위 다섯 가지 내용을 증명하는 것까지 살을 붙이면 본문의 핵심은 다룬 것이고요. 본문 안에 헤드라인을 만들면 됩니다. 헤드라인은 다섯 가지 순위를 모두 아우를 수 있는 한 줄 문장(카피)으로 표현하면 됩니다. 제 사례로 예를 들어볼게요. 우선은 키워드를 조합하여 긴 호흡의 한 문장으로 만들어볼게요. '부동산으로 돈 벌 수 있게 해주는 경매 초고수가 평생 내 옆에서 경매 컨설팅을 해주고, 믿을 만한 부동산 정보를 제공해주고, 혼자 경매 입찰

할 수 있도록 능력을 키워준다.' 이렇게 작성한 긴 문장을 이제 간결한 한 문장으로 압축하는 거예요. '경매 초고수 평생 코칭 받고 나도 경매로 10배 수익 번다.'

이제 본문 헤드라인까지 만들었으면 본문을 나와서 제목 한 문장을 만들면 됩니다. 제목은 고객과 첫 번째로 만나는 지점이니까 조금 더 압축해서 호기심을 자극하는 문구로 만들어보세요. '평생 경매 멘토가 알려주는 1000% 수익 내는 노하우' 고객은 '평생'과 '1000%'라는 단어에 관심을 가지고 제목을 클릭할 확률이 높겠죠?

지금까지 내 콘텐츠(컨설팅)의 강점을 한 문장으로 표현해야 하는 이유와 실제 사례를 다루었습니다. 핵심을 정리하면 1인 기업가로 활동하는 우리에게 마케팅 비용 부담을 줄이면서 효과적으로 내 콘텐츠(컨설팅) 서비스를 알릴 방법은 지기(知己)하기, 즉 나의 콘텐츠(컨설팅) 서비스 강점을 파악하고 고객의 머릿속에 각인시킬 수 있는 한 문장으로 표현하는 것입니다.

콘텐츠(컨설팅) 제목을 보고 한 번에 고객의 머릿속에 '이 콘텐츠는 어떤 것이다'라는 게 한 단어나 한 문장으로 반드시 떠올라야 합니다. 부동산 경매 교육이라면 '투자수익률 1000% 노하우'처럼 구체적인 수치가 떠오르거나 경매, 단기 매매로 투자 수익을 올리는 방법을 배울 수 있어서 이런 이득이 생긴다는 것을 직접적으로 표현해야 합니다. 중고책 창업은 대부분의 사람이 잘 모르는 생소한 분야니까 아이템 자체에 대한 특징을 드러내기보다 월급에 준하는 수익(월 200만 원)을 낼 수 있는 부업임을 나타냄으로써, 목표를 달성했을 때 고객이 얻는 정량적인 수치(결과)와 본업 시간 외에 할 수 있는 일임을 강조해서 직장을 다니거나 사업을 하는 사람들이 이 콘텐츠를 수강할 수 있도록 제목에서부터 관심과 참여 흥미를 높이는 것이 중요합니다.

04 백승(百勝) : 고객의 반응을 끌어내라!

지기 전략으로 내 콘텐츠(컨설팅)를 한 문장으로 임팩트 있게 표현했습니다. 이제부터가 정말 중요해요. 백승 전략을 사용할 때입니다. 고객의 마음(심리 상태)을 읽고 우리가 원하는 방향(콘텐츠를 신청해서 듣게)으로 고객이 반응하도록 유도하는 겁니다. 이것을 마케팅 용어로 '구매 결정'이라고 하는데, 고객은 자기 마음에 드는 콘텐츠라 할지라도 그들에게 콘텐츠를 신청해서 들으라고 하지 않으면 움직이지 않습니다. 그렇다면 어떤 방법으로 해야 고객이 반응해서 내 콘텐츠를 구매할까요?

중고책 창업 교육 온라인 모객을 예로 들어보겠습니다. 전제조건은 고객이 내 콘텐츠에 매력을 느껴서 알아봐야겠다고 마음먹었다는 것입니다. '중고책 사업이 뭔지 잘 몰랐는데 회사를 다니면서 남는 시간으로 월 200만 원을 벌 수 있대', '실제로 200만 원을 수익 인증을 보니까 나도 할 수 있겠다' 하는 생각이 드는 그 시점에 내 콘텐츠를 소개하는 겁니다. 여기서 중요한 점은 단순히 '내 콘텐츠가 이러이러하게 좋으니까 수강 신청하세요'로 유도하면 하수고요, '여기 당신과 처지가 비슷한 A씨가 중고책 사업을 시작해서 월급 이외의 수익을 벌고 삶의 여유가 생겼습니다. 당신이 추가 수익에 관심이 있고 이 사업을 하고 싶다면 세미나를 신청하세요'라고 말하면 고수입니다. 단, 이 세미나는 고객과 강사의 약속임을 강조하고, 이 콘텐츠는 아무나 들을 수 없는 명품 콘텐츠라는 인식을 심어주는 장치를 문구로 심어줍니다.

예를 들면, 보증금(참가비 1만 원)을 내야 콘텐츠 참석 확정, 이 콘텐츠를 들어야 하는 대상을 구체적으로 명시, 선착순 인원 제한(카페 플랫폼이면 댓글로 몇 명 남았다며 고객의 심리 압박), 콘텐츠 카페에 댓글 N개 남기는 사람에게 세미나 참석 확정, 전자책을 배포해서 읽고 오면 유익하다고 무료로 서비스를 제공하는 겁니다.

다른 예를 들어볼까요? 부동산 경매 교육 구매 결정 유도의 핵심은 당신이 이 교육을 들으면 물질적으로 부동산 1채 낙찰로 시작해 근로소득이 아닌 자본소득을 얻을 수 있고, 결국에는 당신이 원하는 건

물주의 삶(일하지 않고도 한 달 생활비 이상을 버는 시스템)을 살 수 있음을 고객이 느껴야 합니다. '아! 내가 이 강사의 콘텐츠를 듣고 잘 따라 하면 나도 부동산 단기 매도 시세차익으로 돈을 벌어서 경제적 자유를 달성할 수 있겠지?'

부동산 교육은 수강료가 다른 과목보다 비싸거든요. 고관여서비스(경영학 용어로, 제품 서비스를 구매 결정하는 의사결정에서 여러 가지 요건을 많이 따져보는 고가의 제품이나 서비스)입니다. 중고책과 경매를 포함해 모든 콘텐츠에서 구매자들의 행동 유도와 함께 환기도 아주 중요합니다. 즉, 당신이 이 콘텐츠를 듣기 위한 마음가짐이나 자세를 지시하고 준비하도록 글로 표현하기입니다. 중고책 세미나는 신청한 후에 참가비를 입금하고, 중고책 카페의 글을 읽고 댓글 남기기로 사업에 대해 어느 정도 알고 정신무장을 시키죠.

'부동산 경매는 10명 소수정예로 운영한다. 그 이유는 낙찰받기 위해서다!', '경매에서 임대수익을 얻으려고 하면 이 콘텐츠는 듣지 말라!', '중도 포기하려거든 듣지 말라!'

어떤가요? 고객의 입장에서 자세히는 모르겠지만 당당한 지시에 오히려 더 끌려서 수강 신청을 하게 될 겁니다. 굽신굽신하며 '내 콘텐츠 좋으니까 다 들으러 오세요'가 아닌 거죠.

고객의 반응에서 후기를 빼놓을 수 없겠죠. 사실 대부분의 1인 기업 대표들이 자신의 콘텐츠를 알리기 위해 콘텐츠 후기를 써주면 무언가를 준다고들 많이 합니다. 직장에서 경진대회 참가자 모집 댓글 참여 이벤트로 치킨을 준다고 해서 모객했던 적이 있습니다. 뭐 당연히 안 하는 것보다는 하는 게 낫기는 하죠. 그렇지만 우리 1인 기업가들은 마케팅 비용이 그렇게 풍족하지 않잖아요?

또 다른 방법으로 콘텐츠에 온 사람들에게 콘텐츠가 끝나고 후기를 써달라고 하는데, 성의 있게 써주는 사람이 10%도 안 되는 것 같더라고요. 후기가 중요한 건 모두가 아는 사실이죠. 후기에서도 진정성 있는 글이나 진정성 반응이 있는 후기가 필요한데요. 저는 이렇게 했습니다.

중고책 판매 후기의 예시로, 내가 후기를 만드는 겁니다. 이게 무슨 말이냐고요? 내가 교육 후기 판을 깔아주고, 거기에 수강생이 후기를 답변하도록 하는 것입니다. 이때 카톡이나 문자로 두루뭉술하게 '오늘 콘텐츠 어떠셨나요?'라고 하지 말고, 콘텐츠 시작 전에 참석한 사람들의 이름과 현 상황을 간단히 소개하라고 한 다음에 이를 강사가 메모했다가 참석자 한 명 한 명에게 맞춤 개인 톡이나 문자를 보내는 겁니다.

"○○○님, 부동산 낙찰로 경제적 자유를 이루고 싶다고 하셨는데 콘텐츠가 도움이 되었나요?"처럼 참석자마다 다른 문자를 보내는 거죠. 이 중에서 분명히 성심껏 답변해주는 수강생이 있을 거고요. 이를 누적해서 데이터를 쌓아가면 되는 겁니다. 내가 이렇게 디테일하게 수강생들과 소통한다는 걸 직접 눈으로 확인시켜주는 거죠.

후기들을 모아서 어떤 방식으로 뿌리느냐 하는 것도 다양한 방법이 있는데요. 제 경험을 비추어보면 고객(수강생)과 카톡이나 문자로 나눈 대화에서 '이 콘텐츠가 괜찮았고, 만족스러웠다'라는 내용이 텍스트로 남는다면 그 텍스트를 블로그에 후기로 남겨서 알리고 온라인 모객을 하는 방법이 효과적이었습니다.

사실 가장 확실한 온라인 모객 방법은 실제 고객(수강생)과 인터뷰 영상을 촬영해서 유튜브나 인스타그램에 영상을 업로드하는 거죠. 블로그는 텍스트 기반, 유튜브와 인스타그램은 영상이나 사진 등의 이미지 기반이기 때문에 각각의 특성에 맞게 사용하면 될 것 같습니다.

마지막으로 고객이 콘텐츠를 구매하는, 그러니까 구매 전환이 이루어지기 직전에 고객의 심리 상태는 이럴 겁니다. '내가 속은 건 아니지? 이 강사와 콘텐츠, 정말 믿어도 괜찮을까?' 한마디로 콘텐츠에 대한 신뢰도인데요. 그래서 콘텐츠 소개에서 이러한 고객의 의심을 제거하여 구매 결정 단계에서 고민하는 시간을 단축시켜야 합니다.

부동산 경매를 예로 들어보겠습니다. 이 강사님은 부동산학 전공으로 박사 학위를 보유하였고, 강사 본인이 경매로 10배 이상 수익을 냈으며, 방송이나 언론에도 보도가 되었습니다. 그리고 가장 중요한 포인트는 콘텐츠 과정 중이나 콘텐츠 후에 경매로 부동산을 낙찰받은 수강생들의 경매 사건 정보를 유료 경매 사이트에서 확인하고 이미지들을 캡처하면 확실히 신뢰할 수 있기 때문에 고객이 가질 수 있는 의심을 없애고 수강 신청과 결제할 확률을 더 높일 수 있을 겁니다. 그렇다면 여기서 누군가는 이렇게 질문할 수 있을 겁니다. "아직 자신의 업계 경력이 부족하거나 내 콘텐츠를 수강한 고객이 적어서 앞서 언급한 브랜딩 증명이 안 된 초보 강사들의 경우에는 어떤 방법으로 고객에게 구매 행동을 유도할 수 있을까요?" 이런 경우에는 내 콘텐츠를 신청하고 듣는다면 당신은 아무런 손해를 보지 않는다는 인상을 확실하게 심어주어야 합니다. 앞서 언급했던 '100% 환불 전략'이죠. '내 콘텐츠에서 만족하지 못한 사람이 있다면 교육비 전액 100% 환불'을 약속하는 겁니다.

구매 결정을 하기 위해서는 내 콘텐츠 소개를 보고 있는 고객의 심리 상태를 자세히 분석해보는 것이 중요합니다. 그들의 심리 상태는 ① 지루하면 어떻게 하지? ② 사기꾼이면 어떡하지? ③ 내 문제를 어떻게 해결해줄 수 있지? ④ 남들보다 내가 더 비싸게 결제하면 어떡하지? ⑤ 콘텐츠를 수강했는데, 반응이 없고 별로라고 생각하면 어떡하지? 이렇게 다섯 가지로 구분할 수 있습니다.

단계별 대비책으로는 다음과 같습니다. ①은 콘텐츠 카피에서 참신함과 의외성을 부여하기, ②는 내가 그동안 쌓아 올린 포트폴리오를 증거로 제시하기 ③은 사람들의 문제 해결방식에 대해 입증하기 ④는 내 콘텐츠가 가격 경쟁력이 있음을 강조(최저가)하기 ⑤는 실제 콘텐츠 후기들을 캡처한 이미지들을 활용해서 콘텐츠 후기를 확산시키기.

지금까지 온라인 모객 후에 고객의 반응을 끌어내는 방법들을 알아보았습니다. 고객은 내가 구매 결정을 하라고 해야 움직인다는 사실을 명심하세요.

당신이 내 콘텐츠가 괜찮다고 판단했다면, 이제는 콘텐츠를 결제해서 실천하도록 유도해보세요. 확실한 구매 결정을 위해서 콘텐츠 인증샷을 넣으면 고객이 의심하지 않고 내 콘텐츠를 이용, 결제할 것입니다. 초보 강사와 같이 포트폴리오가 부족해서 알릴 게 없다면 구매를 하더라도 손해를 보지 않는 100% 환불 장치를 언급해서 구매 결정이 이루어지도록 유도하면 됩니다.

다음 3장에서는 비즈니스의 성공을 좌우하는 요소인 핵심 고객 설정의 이론과 사례를 다뤄보도록 하겠습니다.

2장 Point!

온라인마케팅, 실전에서 활용하기

1. 마케팅은 '내가 팔려는 상품을 고객에게 잘 알려서 많이 팔 수 있을까'가 포인트예요.

2. 나의 비즈니스와 유사한 아이템으로 구매 후기가 많고 평점이 높은 콘텐츠를 선택해서 그 페이지를 분석하고 이들과 차별화할 수 있는 나만의 콘텐츠 강점을 한 문장(카피라이팅)으로 만들어보세요.

3. 고객이 얻을 혜택 3가지를 알리고, 내 상품을 고객이 믿도록 만드는 것이 중요해요.

   ① 차별점

   ② 고객과의 상호작용을 잘 표현했는지

   ③ 실제 고객이 얻을 이익을 입증

4. 아직 포트폴리오가 없는 비즈니스 초기 단계에는 구매를 하더라도 손해를 보지 않는 '환불' 서비스를 언급해서 구매 결정이 이루어지도록 해보세요.

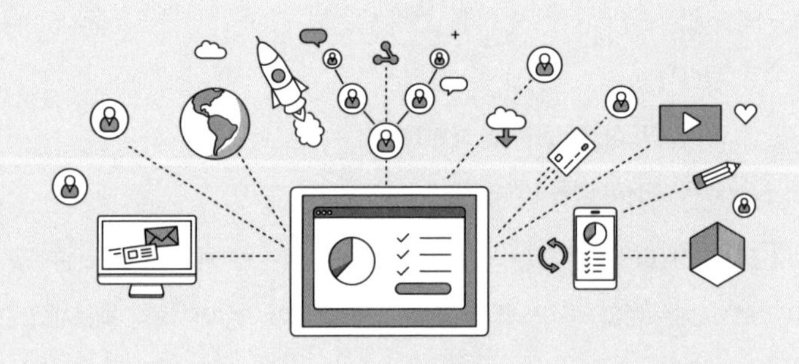

Part 3

2단계 : 고객을 그린다

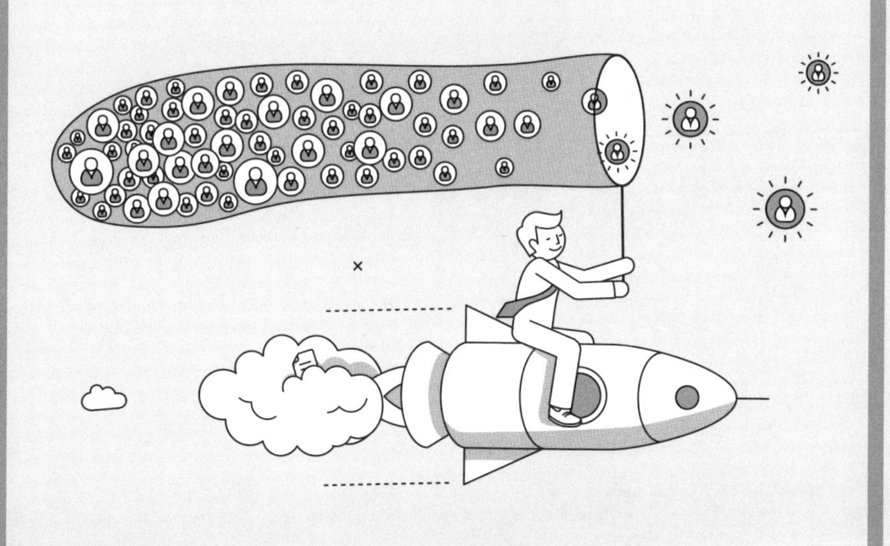

★★★
01 페이스북 마케팅을 활용한 핵심 고객 설정하기

모든 비즈니스의 목적은 무엇일까요? 나의 콘텐츠를 고객에게 판매하는 것입니다. 이것을 조금 더 풀면 내 콘텐츠를 구매할 '고객을' 정하고, '고객에게' 내 서비스를 알리고, 마지막에는 '고객이' 구매하도록 하는 거예요. 위의 문장에서 '고객'이라는 단어가 3번 언급되었죠? 그만큼 비즈니스에서 고객 설정을 어떻게 하느냐에 따라 매출(구매)에 영향을 준다고 할 수 있습니다. 이번 장에서는 비즈니스의 성패를 좌우하는 핵심 고객 설정을 다룰 건데요. 직관적으로 페이스북을 활용해서 고객을 타기팅Targeting하는 방법을 배워볼게요. 추상적으로 보이는 핵심 고객 설정이라는 개념이 여러분들

머릿속에 도식처럼 시각화될 거예요.

먼저, 페이스북을 검색해서 접속하세요. 기존 회원이면 자기 계정으로 접속하고, 그렇지 않으면 회원가입을 한 뒤 로그인하면 됩니다. 접속 후 왼쪽 메뉴 바를 클릭하면 여러 개의 메뉴가 나오는데요. 이 중에서 광고 관리자를 선택한 다음 캠페인을 클릭하세요. 페이스북 마케팅을 이해하기 위해서는 알아야 할 개념이 한 가지 있어요. 바로 ROAS인데요, ROAS는 Return On Ad Spend의 약자로 광고비 대비 매출액을 의미합니다(출처: 네이버 영어사전). 즉, 광고 수익률을 뜻하며 매출이 높을수록 적은 투자금으로 많은 매출을 창출했다고 해석합니다. 이것은 사용한 자금 대비 수익률이 얼마만큼 생겼는지를 보는 지표로, ROAS가 높을수록 효율적인 마케팅을 했다고 평가합니다.

페이스북 마케팅을 세팅하는 과정은 총 3단계입니다. 첫 번째, 우리는 광고를 함에 따라 발생하는 매출 결과를 볼 것이기 때문에 캠페인 메뉴에서 전환을 선택합니다. 메뉴를 보면 전환과 참여가 나오는데요. 전환은 고객이 내 광고를 클릭해서 링크를 타고 들어와 구매까지 하는 사람을 타기팅하는 것이고, 참여는 내 광고를 클릭할 고객을 타기팅하는 것입니다. 참여는 고객 설정을 연령, 지역, 성별과 같은 광범위한 대상을 하기 때문에 우리가 해야 할 핵심 고객 설정과는 거리가 멉니다. 따라서 우리는 전환을 선택해서 고객이 내 광고를 접하고 구매까지 이뤄지는 것을 통해 핵심 고객 설정이 제대로 이루어졌는지를 확인할 수 있습니다. 부가적인 메뉴로 A/B 테스트가 있는데요. 이것은 2가지 기준으로 광고를 송출하고 둘을 비교해서 효율이 더 높은, ROAS 수치가 더 높은 광고를 선택한다는 개념입니다. ROAS가 더 높은 광고가 핵심 고객 설정이 더 잘된 것이라고 볼 수 있는 것이죠.

A/B 테스트 예시를 들어볼게요. 1) 고객 타깃을 다르게 송출 2) 광고 문구를 다르게 송출. 두 가지를 광고를 집행했을 때, 2)가 ROAS가 더 높게 나타났다면 서비스 랜딩페이지 안의 광고 문구(카피) 작성을 어떻게 하느냐에 따라 구매 전환이 더 많이 일어났음을 알 수 있습니다. 페이스북 마케팅은 내가 아닌 다른 사람들(고객들)의 반응이 좋은 콘텐츠를 생산하고 광고하는 것이 중요합니다.

두 번째, 전환 위치는 웹사이트로 설정합니다. 우리가 만든 광고를 보고 고객들이 들어올(유입) 곳은 네이버 블로그 또는 카페이기 때문에 웹사이트로 지정하면 됩니다. 다음으로 오른쪽 상단에 타깃 정의를 표시하는 가로형 막대그래프가 보일 거예요. 다음과 같은 화면이에요.

타깃이 너무 넓게 설정되어 있습니다

타깃(고객)이 너무 넓다는 것은 광고 효율이 떨어진다는 의미로 이해하면 됩니다. 예를 들어, 내 콘텐츠가 '1인 기업 온라인 모객'이라고 해볼게요. 고객 타깃을 50대 이상 남녀라고 설정했어요. 광고는 그들에게 노출이 되지만 우리가 원하는 목적인 고객의 구매 전환이 이뤄질 가능성은 적을 겁니다. 이들은 20~40대 남성(여성)보다 1인 기업과 온라인 모객, 온라인마케팅에 관심을 덜 가지니까요. 그래서 새 타깃 만들기 메뉴에서 기본값으로 된 곳을 내 비즈니스에 맞는 고객군으로 맞춤 타깃을 설정하세요. 여기가 페이스북에서 핵심 고객 설정을 하는 핵심 포인트입니다. 예를 들어볼게요. 1인 기업 온라인 마케팅을 새 타깃으로 하고 연령, 성별, 상세 타깃을 설정합니다. ① 연령 : 30~40대 퇴직이나 창업 등으로 경제활동 고민이 많은 연령대 ② 성별 : 남성(참고로 페이스북은 40대 이상의 여성은 거의 없어요) ③ 상세 타기팅 : 검색어로 고객 범위를 좁혀 핵심 고객을 설정합니다. '1인 창업', '직장인 투잡', '은퇴 준비', '경제적 자유' 등 키워드를 적용하세요. 지금 당장 내 머릿속에서 키워드들이 떠오르지 않으면 찾아보기를 클릭해서 페이스북에서 제시하는 검색어를 보면서 내 비즈니스에서 어떤 고객군들이 있는지를 눈으로 확인할 수 있어요. 반응형 맞춤 광고는 페이스북 외에도 인스타그램, 구글 GDN, 카카오모먼트 등이 있습니다. 내 광고에 반응하는 고객군에만 광고를 노출시키는 마케팅 도구로 페이스북 마케팅을 마스터하고, 나머지 것들도 여러분의 것으로 만드는 것을 추천합니다.

다음 과정은 페이스북에서 노출 위치를 설정하라고 나오는데요. 자동과 수동 두 가지가 있는데, 마케팅 경험상 수동으로 했을 때 ROAS 효과가 더 높았습니다. 그래서 여러분에게 수동으로 설정하라고 권해드립니다. 다음으로 플랫폼 설정이 나오는데, 저는 페이스북과 인스타그램, 두 가지만 설정합니다. 이것 역시 여러 차례 마케팅을 수행한 경험을 토대로 위의 두 가지만 지정했을 때 효율이 가장 높았습니다. 광고 게재 최적화 기준 메뉴에서는 기타 노출로 설정하고, 링크 클릭을 선택해요. 고객이 유입할 특정 웹사이트를 링크로 하고, 이것을 타고 고객이 내 블로그(카페)에 들어와 구매하게 만든다고 이해하면 됩니다.

다음으로는 빈도 설정이 나오는데요. 이것은 내 광고가 어느 정도 주기로 고객군에게 노출되는지를 수치로 보여주는 지표입니다. 경험상으로 빈도 2.5가 넘어가면 광고를 꺼야 한다고 봅니다. 고객은 기본적으로 광고가 보이는 것을 꺼리죠. 1~2회 노출까지는 광고를 보고 집중을 하지만 광고가 2회 넘어가면 고객은 광고성 콘텐츠라 판단하고 광고를 보지 않고 다른 곳으로 떠나버립니다. 예산은 여러분들이 페이스북 광고를 집행하면서 ROAS 효율을 보면서 광고비를 늘리거나 줄일 수 있습니다. 보통은 5천 원/일부터 시작합니다. 예를 들어, 5천 원을 광고비로 집행했는데 매출이 2만 원이 생겼다면 수익은

1.5만 원, ROAS는 300%. 1만 원 광고비에서 5만 원 매출이 발생하면 4만 원 수익으로 ROAS는 400%. 이렇게 ROAS 수치가 증가하면 광고비를 늘리고, 반대로 수치가 줄어들면 광고비를 줄인다고 보면 됩니다. 그리고 일정 수준까지 광고비를 늘렸는데 효율ROAS이 개선되지 않는 순간이 오는데, 바로 그때가 광고비를 줄여가면서 소재를 바꿔 보는 시점이 되는 겁니다.

마지막 3단계는 광고 형식을 설정합니다. 형식은 단일 이미지 또는 영상에서 가장 효율이 높아서 이것을 선택하고요. 미디어 항목에는 미디어 추가, 기본 문구에는 광고 제목을 입력하세요. 행동 유도 항목은 더 알아보기로 체크하고요. 추적 메뉴는 집행하는 페이스북 광고가 오류가 없는지를 체크하는 항목입니다.

이처럼 1~3단계를 통해 ROAS 지표와 고객 세부 타기팅을 하면 막연했던 핵심 고객 설정을 직관적으로 우리 뇌에 저장할 수 있습니다. 광고를 집행하면서 효율(ROAS)이 300% 이상 나오면 잘 만든 광고라고 볼 수 있습니다. 만약 1000% 이상 나온다면 지금 바로 광고비를 늘려서 효율을 더 높여야 할 것입니다.

지금까지 페이스북 마케팅을 활용한 핵심 고객 설정을 알아보았습니다. 페이스북은 머신러닝으로 페이스북과 인스타그램 이용 고객들의 세부정보를 내가 고객 조건 설정을 할 수 있어요. 그래서 내 플랫폼으로 유입시킬 수 있는 확률을 높여주는 또 하나의 유입 채널로 이해하고 활용해보세요. 다음 장에서는 핵심 고객 설정 세부 타기팅에 필요한 핵심 이론을 배워보는 시간을 가질게요.

02

고객 DB 수집으로 비즈니스 구매 전환하기

우리가 하려는 비즈니스가 성공하려면 가장 먼저 무엇을 해야 할까요? 저는 1인 기업가, 콘텐츠 크리에이터분들에게 내가 팔 것을 사줄 사람들이 누구인지 정확하게 파악하라고 말합니다. 이것을 경영학에서는 '핵심 고객 설정'이라고 부릅니다. 내가 만든 콘텐츠를 대한민국 모든 국민이 좋아해서 구매할 일은 없을 겁니다. 내 콘텐츠에 관심이 있는 특정한 그룹이 있을 거예요. 이 그룹들을 찾아내는 게 핵심 고객 설정이에요. 핵심 고객 설정이 제대로 되지 않으면 고객의 욕구를 충족시키지 못하게 되죠. 고객 타기팅이 잘못됐기 때문입니다. 그러면 내 콘텐츠를 제대로 팔 수 없겠죠. 책 『마케팅』의

저자 필립 코틀러는 이렇게 말했습니다. "마케팅 승리 전략은 단 한 가지다. 목표 시장을 신중하게 정하고 설정된 목표 시장에 우수한 제품(서비스)을 제공하는 것이다." 여기서 언급한 목표 시장은 지리학, 인구통계학, 심리학 등을 기준으로 세세하게 나눌 수 있습니다. 이번 장에서는 위의 세 가지를 활용해 성공한 온라인마케팅 사례를 살펴보도록 하겠습니다.

1) 지리학 : 지역

2) 인구통계학 : 연령, 성별

3) 심리학 : 키워드 등 상세 타기팅

사람들은 온라인마케팅으로 최대한 많은 곳에 콘텐츠 광고를 노출하면 효과가 있으리라 생각합니다. 그래서 많은 매체에 포스팅하는데 노력하죠. 이 말이 틀린 것은 아닙니다. 나의 콘텐츠를 네이버 카페나 블로그 등에 한 군데라도 더 알리면 그 효과가 있겠죠. 그런데 여러분, 이 방법으로 우리가 원하는 결과를 목표한 만큼 얻을 수 있을까요? 예를 들어볼게요. 내 콘텐츠 소개를 카페와 블로그 1천 군데에 포스팅했어요. 1천 건을 홍보했으니까 사람들이 많이 알아보고 콘텐츠를 들으러 올까요? 내 콘텐츠에 관심이 없는 사람들도 포스팅을 보겠죠. 그런 사람들은 내 콘텐츠를 들으러 오지 않을 것이고, 당연히 수강 결제도 하지 않을 겁니다.

이번에는 반대의 경우를 들어볼게요. 내 콘텐츠 아이템이 '1인 창업 마케팅'이라면 콘텐츠를 들을 만한 사람들이 누구일까 적어봅니다. 적기 어렵다면 이 방법을 써보세요. 우리가 대통령 선거에서 들었던 아나운서 멘트를 떠올려보세요. "다음은 지역별 ~ 분포입니다.", "다음은 연령별 ~ 분포입니다." 여론을 조사하는 거죠. '시장 조사'라는 단어를 들어보셨나요? 비즈니스에서 내 아이템이 시장에서 사람들에게 어떤 반응을 보일지 미리 알아보는 것을 뜻합니다. 그래서 여론조사 멘트처럼 연령별, 지역별과 같은 항목을 만들어 데이터를 수집할 수 있습니다. 데이터 수집은 이 장에서 다룰 핵심 고객 설정에서 반드시 필요합니다.

이 방법이 어렵다면 네이버 카페처럼 경쟁 플랫폼을 활용해보는 게 효과적입니다. 예를 들어볼게요. 내 아이템이 '1인 강사로 월 고객 1천 명 만들기'라고 해볼게요. 네이버에서 '1인 기업(강사)' 키워드로 하는 카페를 다섯 군데 찾아서 즐겨찾기를 하세요. 카페는 회원들이 자기 글도 올리고 댓글도 서로 달아주는 곳으로 정하세요. 가입 인사를 제외하고 하루 회원들이 올리는 게시글이 30건 이상 되는 곳을 찾으세요. 그리고 커뮤니티에서 회원들이 주고받는 댓글, 회원이 올리는 글들을 스크랩하세요. 특히, 가입 인사에서 자기 연령, 성별, 사는 곳, 직업 등을 기본으로 쓰도록 한 곳이 있는데요. 이것들을 잘 모으면 유효한 고객 정보를 얻을 수 있겠죠. 왜냐고요? 이 사람들은 1인 기업에 관심이 있어서 스스로 카페에 가입했고, 온라인에서 자신의 정보를 공개했잖아요.

특히, 이들이 카페에 올린 고민 글들을 눈여겨보고 이러한 고민을 한 대상들을 한 문장으로 나타내보세요. 3가지 예를 들어볼게요.

첫째, 40대 여성+육아로 직장 그만둠+경력단절로 다른 직업 찾고 있음.

둘째, 50대 남성+자영업자+코로나로 폐업 위기+생계를 위해 새로운 돌파구가 필요.

셋째, 20대 남녀+취업준비생+취업이 너무 어려워 대학 졸업 2년째 유예 중.

그리고 100건 정도 통계를 내보세요. 위에 세 가지 대상 중에 가장 많은 건수를 보인 것을 핵심 고객으로 정하세요. 우리는 여론조사 기관처럼 많은 돈과 인력을 가지고 있지 않으니까 스스로 해야 해요. 이 과정을 거치면 내 콘텐츠를 구매할 고객이 명확히 한 문장으로 나오고, 이것으로 콘텐츠 제목, 본문 헤드카피, 콘텐츠 차별점까지 만들어 낼 수 있습니다. 무엇보다 100명이 넘는 사람들의 네이버 아이디를 모을 수 있어요. 이게 아주 중요합니다. 계속해서 내 콘텐츠를 구매할 고객 DB를 확보할 수 있습니다.

핵심 고객 설정은 내 콘텐츠를 구매할 대상을 명확히 정의하고 분류하는 것입니다. 핵심 고객 대상 정의는 리서치 기관에서 하는 여론 조사를 우리가 하는 것이라고 보면 됩니다.

마지막으로 꿀팁 한 가지! 우리가 핵심 고객 설정 과정을 거치면서 모은 100여 건의 고객 정보(네이버 아이디)를 내 블로그에 유입될 수 있도록 네이버 쪽지를 활용해보세요. 쪽지에 내 블로그 링크를 남기고 쪽지를 타고 들어온 잠재 고객이 블로그에서 내 콘텐츠 랜딩페이지로 파도를 타고 들어와 최종적으로 콘텐츠 수강 신청을 하도록 유입 구조를 만들어보세요.

03 핵심 고객 설정 실전 사례① : 중고책 비즈니스

핵심 고객 설정이 왜 중요할까요? 내 콘텐츠를 구매해줄 고객을 타기팅하는 것이라 그렇습니다. 고객 대상을 촘촘하게 디테일하게 쪼갤수록(세분화) 온라인 모객 성공률을 높일 수 있습니다. 예를 들어볼게요. '중고책 부업' 콘텐츠를 들을 사람들을 A4 사이즈 노트에 쭉쭉 적어보세요. 왜 작은 메모지가 아니고 A4 노트냐고요? 고객을 쪼개고 세분화를 해야 하기 때문에 문장이 길어질 예정이거든요.

부업은 누가 할까요? 대부분은 회사 끝나고 주말에 하는 일로 생각하죠. 고객 대상 범위가 너무 넓다는 생각이 들지 않으세요? 저는 중고책으로 온라인 모객을 할 때, 모객 대상에게 맞게 랜딩페이지를 각각 다르게 만들었습니다. 이것은 고객 세분화를 아주아주 디테일하게 했기 때문에 가능했는데요. 온라인 모객할 대상을 내 머릿속에 바로 떠오를 수 있게 나만의 단어 조합으로 고객 대상을 구체화해보세요.

① 월급으로 한 달 생활이 빠듯하다

② 부수입이 필요하다

③ 쿠팡 아르바이트 말고 월급만큼 벌 수 있는 부업

④ 퇴사를 대비해 미리 준비할 수 있는 제2의 직업

⑤ 소자본으로 할 수 있는 내 사업

이렇게 A4 노트에 계속 고객을 쪼개가면서 한 줄 두 줄 노트 한 페이지를 꽉 채울 만큼 핵심 고객을 세분화 설정했습니다. 그리고 여기서 랜딩페이지를 고객 대상 버전별로 만들었습니다. 그랬더니 신청자 5명 조기 마감. 이것은 앞서 다룬 구매 결정과도 연관성이 높습니다.

보통 창업자들의 사업계획서를 보면 시장조사라 해서 통계자료를 예로 들고 거기에 따라서 20~30대, 여성 등으로 고객 대상을 조사하는데, 이건 고객 범주가 너무 넓습니다. 대기업이면 막대한 광고비로 넓은 범주의 고객들에게 마케팅해도 됩니다. 그렇지만 우리는 기존 시장 안을 파고들 틈새시장을 찾아야 해요. 이 틈새시장을 찾는 것,

보통으로 하는 통계청 자료로는 한계가 있습니다. 꿀팁을 드리면 크라우드펀딩 플랫폼 와디즈에서 콘텐츠 이용 대상을 구체적으로 명시했는데, 내 콘텐츠와 특징이 유사하다면 비슷한 걸로 4~5개 대상을 모아보세요. 분명히 유사한 대상이 나올 것이고, 자주 쓰는 문구가 보일 겁니다.

제가 실제 모객한 중고책 부업을 예로 설명할게요. 먼저 부업이라는 키워드로 고객 대상을 적어보세요. 연령, 직업, 소득, 결혼 여부, 자녀 유무, 부업 경험 등으로 큼지막하게 적을 겁니다. 여기서 각각에 쪼개기를 해보세요. 30대 & 직장인 & 월 소득 200만 & 결혼 & 자녀 유. 이렇게 쪼개면, '30대이면서 직장인, 월급 200만 원 받는 기혼자, 여기에 자녀가 있다' 이렇게 문맥에 맞지는 않아도 내 콘텐츠를 들어야 할 고객을 한 문장으로 써볼 수 있습니다. 어떤가요? 30대가 부업을 찾는 이유, 직장인이 부업을 하는 이유, 월급 200만 원 버는 사람이 부업을 하는 이유, 결혼한 사람이 부업을 하는 이유, 자녀가 있는 사람이 부업을 하는 이유. 각 조건의 교집합으로 하지 않고, 하나씩만 해도 대상이 5개가 나오죠. 특히, 교집합(and, &)으로 고객 설정을 만들어 내면 어떻게 나타내질까요? 예시가 있습니다. 와디즈에서 스마트스토어 온라인 클래스 수강생 모객 랜딩페이지를 보시면 해당 콘텐츠의 고객을 교집합으로 표현하고 있습니다.

- 집에만 있자니 딱히 할 것도 없고 용돈벌이가 필요한 분들
- 유튜브 콘텐츠만 보고 항상 실패했던 스마트스토어 제대로 운영해보고 싶은 분들
- 자사 제품과 판매 채널은 있으나 채널 확장이 필요한 자영업 사장님들
- 국내 판매로는 부족해서 해외 진출까지 노리고 있는 여러분들

위와 같이 표현했을 때의 장점은 '유튜브 콘텐츠만 보고 항상 실패했던 스마트스토어를 제대로 운영해보고 싶은 분들'처럼 강사가 마치 내 마음속을 훤히 읽고 있는 것처럼 나의 가려운 곳(니즈)을 긁어준다는 거예요. 그래서 고객이 '맞아! 나 유튜브로 스마트스토어 콘텐츠 보고 따라 했는데, 계속 안 됐어. 이 사람의 콘텐츠를 듣고 스마트스토어를 제대로 해서 성공해보자!'라는 마인드가 심어질 겁니다.

이렇듯 말도 안 되는 문장으로 고객을 쪼개고 쪼개는 작업을 하면서 내 콘텐츠를 들어야 할 고객을 명확하게 설정하고, and로 묶어서 고객이 평소에 가지고 있던 어려움이나 고민의 지점을 건드려주면서 나의 콘텐츠를 수강해야 하는 필요성needs을 아주 세련된 방법으로 어필하는 겁니다. 고객과 공감대를 형성하면서 말이죠. 핵심 고객 설정을 뾰족하고 세세하게 나타내야 하는 가장 중요한 이유는 바로 이후에 다룰 랜딩페이지를 만들기 위해서입니다.

랜딩페이지는 내가 고객에게 제공하는 콘텐츠(서비스)를 SNS나 웹

에 소개하는 사이트인데요. 와디즈, 크몽 등과 같이 온라인 모객 전문 플랫폼에서 콘텐츠 랜딩페이지를 살펴보면, 콘텐츠의 주제와 관계없이 공통적으로 관통하는 핵심 포인트가 있습니다. 그것이 바로 '핵심 고객을 설정해서 페이지 시작부터 끝날 때까지 내 콘텐츠를 수강하라고 아주 교묘하고(?) 집요한 문장으로 고객의 마음을 흔든다'라는 겁니다. 그리고 앞서 다섯 가지 이상 내 콘텐츠를 수강해야 할 사람들이 나왔잖아요. 각각의 대상을 활용해서 버전별로 랜딩페이지를 만들어 온라인 모객을 할 수도 있습니다. 중고책 부업을 수강할 대상이 직장인만 있을까요? 아니죠. 내 콘텐츠 장점을 한 문장으로 표현해보니까 회사에 다니지 않고도 집에서 월급만큼 수익을 얻을 수 있다? 그러면 여기서 고객을 쪼개보는 거죠. 집에서 부업을 찾고 있는 대상이 누굴까? 딱 떠오르는 대상이 있을 겁니다. 전업주부! 남편이 혼자 돈을 버는데 살림살이는 팍팍하고, 그렇다고 일터로 나가자니 아이들 케어를 할 수 없고. 실제로 이런 고민을 하는 전업주부들이 아주 많다는 것을 우리는 언론 기사에서 자주 접하고 있죠. 그렇다면 남편 외벌이 and (육아를 위해) 직장 퇴사 and 아이 2명 and 거기에 코로나로 일자리 구하기는 너무 어렵다는 환경까지. 이것을 모두 and로 결합하거나 각각 4개의 대상으로 고객을 쪼개서 온라인 모객 랜딩페이지를 구성할 수 있습니다. and 연결고리로 앞선 스마트스토어 예시처럼 고객 스스로가 공감 지점을 발견하고, 내 콘텐츠에 관심을 두어 더 알아보고자 구매를 하게 되겠죠.

이렇듯 고객을 쪼개고 쪼개서 내 콘텐츠를 들어야 할 대상자를 명확히 하는 것은 콘텐츠 추천 대상을 직접 명시해서 고객에게 구매하도록 행동을 유도하는 겁니다. '그래, 당신의 콘텐츠가 이러이러해서 좋은 건 알겠어. 그래서 뭘 하라는 거지?(내가 이 콘텐츠를 왜 들어야 하지?)' 이렇게 고객이 가질 수 있는 궁금증을 추천 대상 적시로 완전히 해소시켜주는 겁니다. 여기서 확실하게 구매 행동을 일으킬 수 있도록 하는 키포인트는 and 기법으로 만든 핵심 고객 대상과 같은 상황(처지)에 있는 실제 고객 사례를 들어주는 겁니다. 여기서 표현방식은 자신이 이 콘텐츠를 선택한 이유와 느낀 점 혹은 달라진 점 등을 인터뷰 영상으로 보여줘도 되고, 아니면 콘텐츠 후기(저는 친필로 쓴 것을 추천합니다) 등을 캡처한 이미지를 직접 핵심 고객에게 노출하는 것도 좋습니다. 실제로 구매한 고객들의 후기를 담아 놓으면 내가 팔려는 온라인 콘텐츠를 믿고 구매할 수 있을 거예요. 특히, 고객 대상을 세부적으로 나눈 것을 활용해서 내 콘텐츠를 구매할 고객군을 넓힐 수 있어 수익도 늘어날 수 있겠죠.

★★★
04
핵심 고객 설정 실전 사례② : 부동산 경매 교육

제가 했던 다른 사례로 설명하겠습니다. 부동산 경매! 네이버를 검색하면 100만 건이 넘는 검색량을 보일 정도로 아주 핫한 주제입니다. 그만큼 이 분야는 아주 치열한 교육 시장이죠. 앞선 중고책 부업과 달리 일반인들이 알고 있고, 그래서 한 번쯤은 네이버로 부동산 경매 학원이나 콘텐츠를 검색했을 겁니다. 검색하면 '월부'처럼 아주 인지도가 높은 부동산 재테크(경매 포함) 콘텐츠가 있습니다. 하지만 아시죠? 우리 1인 기업가들은 이 시장에 들어오면 안 된다는 것을요. 인지도에서 압도적으로 밀리기 때문에 핵심 고객 설정, 고객 쪼개기에 더욱 신경을 써야 합니다. 여기서 저는 어떤 방법으로 컨설팅을 맡은 경매 콘텐츠를 온라인 모객했냐면, 첫 번째는 이 콘텐츠의 강점 포인트를 한 문장으로 만들었습니다. 보통 경매는 월세 임대수익을 만들어 내기 위해서 하고, 그래서 수익을 내기까지 상당한 기간이 소요됩니다. 그렇지만 이 경매 콘텐츠는 '단기 매도로 2~3개월 이내에 투자금의 10배 수익을 내는 방법을 알려준다'로 요약되었습니다. 또 부동산 경매를 왜 해야 하는지 고객을 설득하기 위해서, 우리가 근로소득으로 돈을 버는 것은 한계가 있으므로 자본소득으로 돈을 버는 시스템을 만드는 것이 필요한데 부동산 재테크, 그중에서도 경매가 소액으로 시작할 수 있다는 내용을 준비했습니다. 그리고 은퇴하면 일해서 돈을 벌 기회도 적고, 일해도 버는 금액이 적으니까 부동산 재테크 수익이 필요하기에 직장 은퇴를 준비하는 사람들에게도 필요하다는 내용도 준비하여 핵심 고객 설정에 들어갔습니다. 이 경매 콘텐츠를 수강해야 할 대상이 누가 있을지 A4 노트를 꺼내서 고객을 메모하기 시작했죠. 경매는 부동산 재테크에서 투자금이 많이 들어가고, 권리분석이 어렵고, 명도하기 두렵다는 부정적인 선입견을 품은 사람들이 많습니다. 그래서 이런 선입견이 틀린 것임을 그들에게 깨우쳐주는 내용으로 고객 대상을 쪼개봤습니다.

- 소액 투자 가능 and 권리분석 쉽다 and 명도 쉽다.
- 소액 투자면 어느 정도 금액까지인지, 1천만 원 이하

- 경매 시작 단계인 권리분석을 10초 만에 쉽게 끝내는 것
- 부동산을 낙찰받은 후에 임차인을 내보내는 과정(명도)을 다툼 없이 끝내는 비법이 있다.

각각의 대상에게 맞는 실제 수강생 사례를 예시로 보여줬습니다. 다수의 경매 콘텐츠 중에서 이 콘텐츠를 당신이 수강해야 하는 이유를 만드는 데 핵심 고객 설정이 중요했습니다. 타 콘텐츠와 다르게 경매로 1년 이내 단기 매도로 10배 수익을 내는 방법을 알 수 있다, 이 노하우는 다른 경매 콘텐츠에서는 배울 수 없는 노하우다, 그리고 그렇게 해서 얻은 수익으로 더 큰 수익을 낼 수 있는 부동산 경매 비법까지. 보통의 다른 사람들보다 '부의 추월차선(베스트셀러 책 제목)'에 빨리 오를 수 있다는 것으로 고객에게 어필했죠. 여기에 and 기법으로 더욱 세세하게 고객 세분화를 했습니다.

1) 부동산에 관심 있는 세상의 모든 직장인

2) 부동산 경매가 궁금하기는 한데 입문하기를 망설이는 사람들

3) 저축만으로는 재테크 한계를 경험한 사람들

4) 내 집 마련 등 노후를 준비하려는 사람들

위의 4가지 대분류 대상에서 메모를 더해 살을 붙였습니다.

1) 부동산에 관심 있는 세상의 모든 직장인 : 직장에 다니면서 월급 이외 소득을 만들고 싶은 사람, 회사 업무에 지장 없이 경매하는 방법을 배우고 싶은 사람
2) 부동산 경매가 궁금하기는 한데 입문하기를 망설이는 사람들 : 부동산 사장님(공인중개사)과 어떻게 대화를 해야 할지 모르는 사람, 경매 프로세스에 대해 배우고 싶은 사람, 경매 두려움으로 시작하지 못한 사람
3) 저축만으로는 앞으로 재테크가 고민인 사람들 : 적금/펀드/예금 외에 다른 재테크를 찾고 있는 사람, 자본소득을 경험하고 싶은 사람
4) 내 미래에 대해 고민이 많은 사람 : 이제는 내 집에서 살고 싶은 사람, 이제부터라도 미리 노후준비를 하고 싶은 사람

이렇게 세세하게 고객을 쪼갰더니 1) 하나만 가지고도 랜딩페이지를 만들 수 있고, 그러면 1)~4)까지 4가지 버전의 랜딩페이지가 만들어질 수 있고, 이것을 플랫폼에 게시하면 내가 정밀하게 타기팅한 고객에게 마케팅이 돼서 고객들이 생겨날 거예요. 경매를 통해 고객들이 이루고 싶은 목표가 다를 수 있다는 점을 명심하시고, 다양한 버전으로 고객 모집을 해서 보다 많은 고객을 모아보세요. 그렇게 되면 당연히 수익이 더 증가할 겁니다.

05 핵심 고객 설정 따라 하기

지금까지 핵심 고객 설정 이론과 페이스북으로 고객 타기팅 하는 방법을 배웠어요. 그리고 이것을 바탕으로 중고책 부업, 부동산 경매에서 핵심 고객을 설정하고 온라인 모객을 한 과정을 보여드렸어요. 이번에는 앞에서 배우고 익힌 것들을 총정리하는 시간을 가지겠습니다. 이번 장은 콘텐츠 주제인 '온라인 모객'으로 핵심 고객 설정을 하고 광고 세팅까지 하는 프로세스를 보여드릴 거예요. 여러분의 1인 기업 온라인 비즈니스와 직접적인 관계가 있으니까 잘 따라오세요.

온라인 모객 콘텐츠를 마케팅하기 위해 3단계 구조를 적용하는 거예요. 인지-유입-전환. '인지'는 내 콘텐츠가 어떤 것이라고 고객들의 머릿속에 기억시키는 것입니다. 우리 뇌는 단순한 것을 좋아하기 때문에 기억하기 쉬우려면 단순해야 합니다. 문장도 중간 쉼표 없이 간결한 한 문장으로 쓰고, 단어도 한 음절로 표현하는 거죠. 그래서 앞서 2장에서 나의 콘텐츠 서비스 차별점을 한 문장으로 뽑아내라고 했던 겁니다. 이제 왜 한 문장으로 하라고 계속 강조했는지 이해가 되시죠? 고객에게 내 서비스를 인지시키려면 고객 타기팅을 디테일하게 해야 하는데요. 온라인 모객이라면 이 서비스가 제공하는 가치, 예를 들면 월 1천만 원 수익 자동화를 받아들일 대상을 세분화시켜 보세요. 처음부터 이것을 하기는 어렵기 때문에 페이스북 캠페인을 활용하는 것입니다. 연령, 성별, 지역뿐만 아니라 관심사, 행동 유도 등 구체적으로 고객의 범위를 좁혀나갈 수 있어요. 화면 오른쪽 상단에 고객 설정 범위가 넓다, 좁다 등으로 직관적으로 확인할 수 있어서 유용해요.

핵심 고객 설정을 반드시 텍스트로만 하는 것은 아닙니다. 페이스북 광고나 네이버 view 검색 등을 살펴보면 섬네일이 고객의 눈에 제일 띄거든요. 우리는 작은 것 하나도 챙겨야 해요. 바로 섬네일에도 내 콘텐츠를 고객에게 알려야 합니다. 직접적으로는 '온라인 모객 한 달 1천 명'이라는 키워드를 이미지로 넣어보세요. 고객이 네이버 검색을 하다가 내가 만든 섬네일에 매력을 느끼게 될 거예요. 미적 디자인보다는 고객에게 제공하는 가치를 섬네일에 이미지로 보여주는 거예요. 예를 들면, 매달 고객 수가 우상향하는 그래프를 보여주는 거죠. 아니면 내가 운영하는 1인 기업을 섬네일에 브랜딩시키는 방법도 있습니다. '1인 기업 온라인마케팅 연구소' 이렇게요.

다음 단계는 유입이에요. '유입'은 온라인에서 다수의 경로로 내 콘텐츠 플랫폼에 들어오게 하는 과정입니다. 페이스북/인스타그램, 카카오플러스 친구, 카카오톡 오픈채팅, 유튜브 등에서 내 콘텐츠 플랫폼(블로그 or 카페)으로 들어오게 하는 거예요. 채널에서 고객을 설정하는 핵심은 해시태그(#)를 활용하는 거예요. 유튜브나 인스타그램은 영상 이미지 중심의 콘텐츠로 이루어져 있습니다. 하지만 유튜브에서 내가 보고 싶은 영상 콘텐츠를 키워드로 검색하죠. 인스타그램도 셀럽들의 이름을 검색해서 그들이 올린 이미지나 영상 등을 보잖아요. 유튜브 구독자 수가 10만이 넘는 채널을 살펴볼까요. 딩고 킬링보이스 영상에서 조회 수 1천만 건을 넘긴 '킬링보이스-태연'편을 클릭하면 영상 제목 아래에 '#태연' 표시로 단어가 3~4개 적혀 있습니다. 이게 바로 해시태그예요. 해시태그를 클릭하면 해당 키워드와 연관된 영상으로 페이지가 전환되죠. 딩고는 전략적으로 가수의 라이브 영상 공개 전에 티저 포스터 형식으로 이번 주에 가수 ○○○가 몇 시에 딩고 채널에서 라이브를 한다고 예고해요. 여기에도 해시태그를 달죠. 이 광고를 본 딩고 구독자(또는 구독 예정자)들이 기대하게 만들고, 방송 시간에 채널로 유입되게 하죠. 딩고 뮤직 채널로 들어온 고객이 올라온 음악 콘텐츠를 보고 마음에 들어서 앞으로 계속 여기서 음악을 보고 들어야겠다고 마음먹으면 구독하게 되죠. 유튜브에서는 구독자 수가 많을수록 광고 수익이 높고, 유튜브 알고리즘으로 콘텐츠 추천 노출이 되기 때문에 구독하게 하는 것이 구매 '전환'을 이루는 것이라고 볼 수 있습니다.

막연하게 홍보하려고 하는 온라인마케팅이 아니라 인지-유입-전환이라는 하나의 비즈니스 모델을 적용하는 것입니다. 브랜딩-채널-구매로 우리가 원하는 목표의 고객 수를 달성하고, 최종적으로 목표 수익 그 이상을 얻는 온라인 비즈니스로 말이죠. 이 관점으로 접근하여 온라인마케팅을 하면 어떠한 아이템이라도 온라인에서 고객을 모을 수 있을 거라 생각합니다.

3장 Point!

핵심 고객 설정에서 구매 전환까지

1. 페이스북 광고 관리자에서 내 비즈니스에 맞는 고객군을 맞춤으로 타깃 설정할 수 있어요(연령, 성별, 키워드 등).
2. 온라인 모객 마케팅의 3단계 구조(인지-유입-전환)로 내 브랜드를 고객들이 인지하고 내 플랫폼에 유입돼서 상품을 구매 전환하는 과정까지 이를 수 있어요.

Part 4

3단계 : 판매할 곳을 정한다

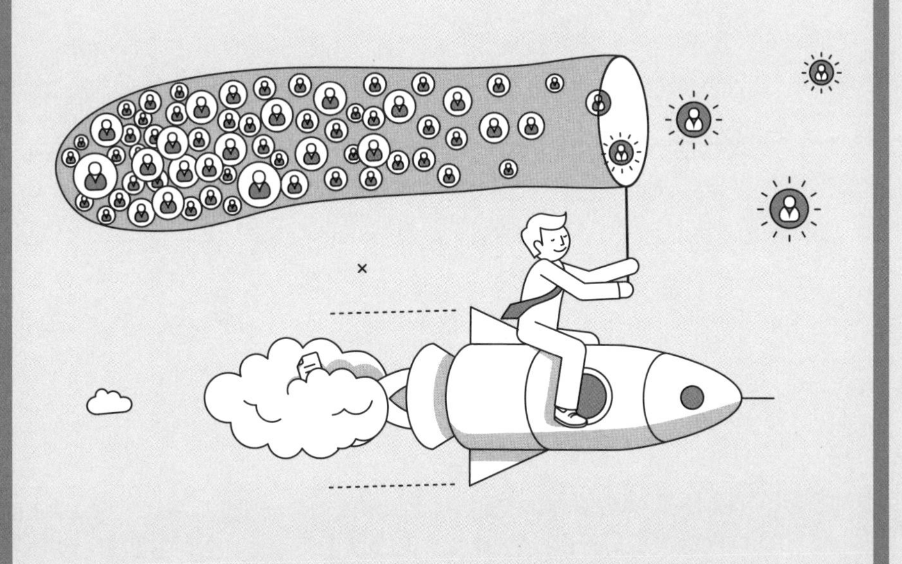

★★★

01 1인 1플랫폼 시대, 플랫폼으로 수익 창출하는 방법

4장에서는 플랫폼을 다뤄볼 겁니다. 창업은 대부분 플랫폼 비즈니스라고 할 정도로 다양한 분야로 확장하고 있습니다. 이번 장에서는 플랫폼의 정확한 뜻을 알아보고, 창업자들이 어떻게 플랫폼 비즈니스를 하려고 하는지 알아볼 겁니다. 플랫폼 비즈니스로 어떻게 수익이 나고, 얼마나 수익을 낼 수 있는지 알아볼게요.

먼저, 플랫폼platform은 '서비스 이용자와 제공자를 이어 어떤 행동을 하도록 하는 토대'라는 뜻이라고 해요. 즉, 이용자와 제공자가 서비스를 매개로 서로 만나는 공간이에요. 쉬운 예를 들어볼게요.

배달의 민족을 한 번쯤 써보셨을 겁니다. 배달의 민족은 다양한 배달 음식을 먹고 싶어 하는 고객과 배달 음식 주문을 전화보다 편리하게 접수받고 싶은 요식업자를 연결해주는 플랫폼입니다. 배달 음식 주문을 매개로 고객과 요식업자가 한 공간에서 만나 니즈를 충족하게 한 배달의 민족처럼, 여러 사람이 혹은 기업이 서로 자신이 원하는 이득을 얻을 수 있게 연결 다리가 되어주는 창구가 바로 플랫폼이에요. 배달의 민족 말고도 고객과 판매자를 연결해주는 플랫폼은 무수히 많습니다. 주제에 따라, 아이템에 따라 다양하죠. 대표적으로 중고물품을 거래하는 플랫폼 '중고나라', 부동산 경매 교육 서비스를 거래하는 '월급쟁이부자들' 등을 예로 들 수 있습니다.

저는 비즈니스로 성공한 플랫폼들을 살펴보면서 궁금증이 생겼습니다. '플랫폼은 어디에서 수익이 생길까? 얼마만큼의 돈을 벌 수 있을까? 거의 모두가 플랫폼 비즈니스에 뛰어드는데, 왜 그럴까? 플랫폼이 가지는 사업의 매력은 무엇일까?' 그래서 플랫폼 비즈니스를 내 힘으로 분석해보기로 했습니다. 네이버 카페 중고나라를 검색해보니 회원 수가 1천만 명이 넘었어요. 대한민국 인구가 5천만 명이 넘는다고 하죠. 우리나라 사람 중에 20%가 회원으로 활동하는 플랫폼이라니 상상이 안 가더라고요.

중고나라 카페에 들어가보니 메인 화면을 가득 채운 배너들이 보였습니다. 오프라인에서 건물에 부착하는 현수막이 있다면 온라인에서는 배너가 현수막 역할을 한다는 것을 알았어요. 현수막 한 개를 걸려고 하면 광고비를 줘야 하는데, 여기도 마찬가지로 광고비를 받고 배너를 걸어주더라고요. 카페 메뉴에 아예 광고 제휴 문의가 있을 만큼 이 플랫폼에 들어온 사람들이 많이 찾는다는 뜻이겠죠. 메뉴에 들어가면 배너 광고 위치별로 광고비 단가가 제시되어 있습니다. 기본이 20~30만 원이고, 중고나라 플랫폼에서 사람들 눈에 가장 잘 띄는 위치일수록 단가가 올라가는데 100만 원이나 하는 곳도 있었습니다. 이곳에 걸린 배너의 숫자를 세어볼게요. 단가는 위치에 따라 다르지만 최저 금액 20만 원(한 달)으로 계산해보면, 위에서부터 아래까지 총 25개니까, 25개 곱하기 20만 원 하면 한 달 배너 광고 수익이 500만 원이네요. 카페를 플랫폼으로 만들어 돈을 버는 방법은 더 있습니다. 필독 공지사항 띄워주기, 카테고리 입점, 회원 대상 전체 쪽지 보내기 등 다양해요. 이것도 등급에 따라 금액이 높은 것부터 낮은 것까지 있습니다.

중고나라처럼 플랫폼으로 비즈니스를 만들어 직접 수익을 내는 방법이 있고요. 이것과 다르게 플랫폼이 중개수수료를 받아 수익을 크게 내는 것도 있습니다. 제가 중고책 창업을 통해 중고 전집을 거래하는 '개똥이네'를 알게 되었어요. 개똥이네는 중고 전집을 구매하려는 소비자와 중고 전집을 팔려는 사람을 이어주는 플랫폼입니다. 여기서 내가 A라는 중고 전집을 구매하면, 판매 수익의 5%를 개똥이네서 중개수수료를 가져갑니다. 우리가 집을 살 때 부동산에 중개수수료를 주는 것과 같은 개념으로 보면 됩니다. 중요한 사실은 개똥이네는 큰 수고를 하지 않고 수수료 수익을 챙긴다는 것이고요. 더 중요한 것은 개똥이네에 이런 거래가 하루에 50건 이상 일어납니다. 모르는 분들은 놀라실 수 있는데요. 어린이 중고 전집 거래 가격이 높게는 10~50만 원 이상 하는 책들도 많아요. 그럼 평균 가격 30만 원으로 잡고 개똥이네에서 하루에 버는 수수료를 계산하면 ₩300,000×5%×50=₩750,000. 이 금액이 1일 기준인데, 거래는 주말에도 이뤄지니까 ₩750,000×30일=₩22,500,000 이렇게 나오네요. 개똥이네는 플랫폼 수수료 수익으로 한 달에 약 2200만 원을 버는 겁니다.

플랫폼으로 수익을 버는 또 다른 방법은 온라인 서비스를 파는 거예요. 왜 온라인인지 여기 사례로 알려드릴게요. 먼저, 내 플랫폼에 회원 1천 명이 있다고 해볼게요. 회원 중에 절반의 고객들에게 스마트폰을 판다고 하면, 스마트폰 1개당 100,000원으로 500명에게 팔면 매출이 50,000,000원이 나오네요. 그런데 이 금액은 내가 버는 수익이 아니죠. 구매한 고객에게 스마트폰을 보내줘야 하니까 어떤 비용이 발생해요? 1) 택배비 2) 포장비 3) 인건비 등이 매출에서 빠지겠죠. 그럼 순수익은 당연히 5천만 원도 적은 금액이겠죠. 아무리 빨리 움직여 택배를 보내도 배송 과정에서 배달 사고, 물품 파손, 배송 지연(명절 연휴) 등의 문제도 발생하면 도리어 환불해줘야 하기도

하고요.

이번에는 이 500명에게 콘텐츠(온라인 서비스)를 판다고 해볼게요. 물품과 동일한 가격으로 100,000원씩, 500명에게 판매하면 수익이 얼마죠? 50,000,000원입니다. 제가 여기서 매출이라는 단어를 안 쓰고 수익이라고 했죠. 여기가 포인트입니다. 콘텐츠처럼 무형의 서비스는 물품처럼 택배비, 배송비, 인건비 등의 비용이 발생하지 않고, 내가 판매한 콘텐츠의 수익 5천만 원이 모두 수익이 되는 거죠.

1인 기업가인 여러분들이 주목할 점은 바로 이겁니다. 내가 만든 콘텐츠를 고객이 많은 곳에 파는 것이죠. 플랫폼에서 1:N으로 말이죠. 내가 만든 건 콘텐츠 1개죠. 그런데 이 1개를 N개를 넘어서 무한대로 만들 수 있습니다. 정확히 말하면 복제할 수 있죠. 그리고 이렇게 해도 재료비나 물류비 등이 전혀 들어가지 않기 때문에 마진율 100%이거나 100%에 근접(수수료 차감)한 수익을 얻게 되는 것이죠. 여러분들이 하려는 콘텐츠는 온라인 플랫폼에서 거래가 이뤄지기 때문에 단 1초 만에라도 고객에게 보낼 수 있고요. 온라인으로 파일을 전송하기 때문에 배달 사고나 물품 파손과 같은 일들은 절대 일어나지 않죠. 카카오톡 등을 통해서 실시간으로 파일을 주고받으니까 배송이 지연되는 일도 없죠.

지금까지를 종합해보면, 플랫폼 비즈니스는 고객과 판매자가 서로 만나는 사랑방 같은 곳이에요. 따라서 그 방에 사람이 많으면 많을수록 활발한 거래가 이뤄지게 되죠. 회원 수가 많으면 다수의 고객에게 내 제품을 팔 수 있는데, 물품이라는 유형 서비스는 고객이 구매 결정을 하면 그때부터 물품 배송이 시작되고, 앞서 언급한 것처럼 배송 중에 배달 사고나 물품이 파손되는 경우가 종종 생기죠. 시기적으로 택배가 몰리는 명절 연휴 일주일 전처럼 배송이 지연되는 사례도 있고요. 결국, 고객이 내 제품을 구매했지만 안전하게 고객의 집에 제품이 배송 완료될 때까지는 완전한 순수익이라고 볼 수 없다는 거죠.

반면에 콘텐츠처럼 온라인 서비스는 포장비, 택배비, 인건비 등의 비용이 전혀 발생하지 않죠. 그리고 온라인이기 때문에 카카오톡이나 이메일 등으로 단 1초 만에도 고객에게 서비스를 제공할 수 있고요. 당연히 온라인이니까 명절 연휴 택배 대란과 같은 일은 경험하지 않겠죠.

지금까지 1인 1플랫폼 시대, 플랫폼으로 돈 잘 버는 사람들에 대해서 알아보았습니다. 우리들은 눈을 뜨고 잠들 때까지 스마트폰에서 플랫폼이라는 가게에 들러 아이쇼핑이나 쇼핑을 하는 시대에 살고 있어요. 플랫폼 비즈니스는 온라인을 기반으로 하는 사업이기 때문에 온라인에서 고객을 모으는 전략이 반드시 필요하죠. 그리고 위에서 예를 든 '개똥이네'와 같이 특정 분야에서 인지도가 높은 플랫폼들은 인지-유입-전환의 비즈니스모델로 노동력을 적게 투입함과 동시에 노동력의 한계 수익을 초과해서 돈을 벌고 있습니다. 우리는 여기에 착안해 1인 플랫폼으로 하나의 회사 시스템을 구축해서 수익 자동화를 이루기 위해 달려가야 해요.

★★★

02 모객 플랫폼 특징①
(블로그, 카페, 유튜브)

앞 장에서 플랫폼 비즈니스에 대해 전체적으로 알아보았습니다. 이번 장에서는 온라인 모객에 맞는 플랫폼에는 어떤 것들이 있는지 알아보는 시간을 가질게요. 온라인 모객에서 많이 사용하는 세 가지 플랫폼인 블로그, 카페, 유튜브에 대해 알아보겠습니다.

첫째, 블로그는 개인이 자신의 일상을 기록하는(log) 것에서 출발했습니다. 일기처럼 그날 있었던 일들을 글이나 이미지로 남기면 블로그 이웃이나 방문자들이 글을 읽고 댓글을 달면서 서로 소통하는 방식이었어요. 이때만 해도 블로그가 온라인 비즈니스에 필요한 마케팅 도구가 될 줄 몰랐을 거예요. 그러다가 네이버가 검색 서비스를 도입하면서 블로그는 본격적으로 비즈니스 영역으로 들어오죠. 네이버 검색 상단 노출 즉, 검색 1페이지 맨 위 1~3번째에 노출된 글을 클릭해서 보고 고객이 업체에 문의하고 서비스를 구매하는 행동이 일어나게 된 것이죠.

기업 서비스를 알리는 홍보 수단으로 네이버 블로그 활용이 급격히 늘어나면서 문제가 생겼습니다. 네이버를 이용하는 고객들에게 필요한 정보가 묻히고 광고 홍보 콘텐츠가 검색 상위를 도배하게 된 거죠. 예를 들어, 직장 은퇴를 앞두고 '퇴직 준비'를 검색했다고 해볼게요. 퇴직 준비를 어떻게 해야 하는지에 대한 노하우나 퇴직 준비를 잘한(혹은 못한) 사람들의 정보를 알고 싶을 거예요. 그런데 평생교육원과 같은 업체에서 돈을 주고 키워드를 장악해버리니까 검색에서 자기 업체 교육을 홍보하는 글들이 넘쳐나는 거예요. 기업이 자신의 서비스를 알리기 위해 네이버 인플루언서(전에는 파워블로거라고 불렸어요)에게 홍보 글을 포스팅해달라고 하는 일도 많이 생겨났어요. 예를 들어, 인플루언서가 다루는 주제가 영화 리뷰인데, 라면 업체에서 이 사람에게 라면 10박스를 줄 테니 먹은 후기를 포스팅해달라고 하는 방법으로 인플루언서 주제와 관계없는 글을 올리는 거죠. 지금도 블로그 마케팅 대행업체에서 인플루언서들에게 연락해서 원고 1건당 3만 원을 줄 테니 포스팅해달라는 사례가 아주 빈번하죠.

이런 사태를 그대로 둘 수 없던 네이버는 블로그가 양질의 정보를 네이버 이용 고객들에게 제공하도록 검색 로직을 바꿔버립니다(검색 로직은 다음 5장에서 중요하게 다룰 거예요. 지금은 검색 로직이 온라인 모객에서 중요하다는 것만 알아두세요). 검색 로직은 네이버 대표도 모른다는 우스갯소리가 있을 정도로 철저히 보안을 유지하죠. 시중에 도는 검색 로직은 전문가 등이 블로그 포스팅을 여러 차례 해본 경험에서 나온 것으로 보면 돼요. 저는 블로그 포스팅을 하면서 '핵심 키워드'가 본문 안에 얼마만큼 노출이 되는지가 중요하다는 것을 경험으로 알았어요. 그리고 핵심 키워드에 맞게 본문 내용이 정보를 제대로 제공하는지도 중요함을 알았어요.

저는 여러분들에게 블로그를 마케팅 툴을 넘어서 모객 플랫폼으로 활용하시라고 말씀드려요. 앞에서 플랫폼은 어떤 의미라고 했죠? 고객(수요자)과 내(판매자)가 서로 만나서 교류하는 공간이라고 했죠. 블로그는 내가 만든 콘텐츠를 보는 이웃이 나의 고객이 될 수 있어요. 혹은 네이버에 어떤 키워드(고객이 얻고 싶어 하는 정보에 대한 핵심 단어)로 검색을 하다가 제목과 섬네일이 매력적으로 보여서 내 블로그로 들어오는 일도 있어요. 블로그를 콘텐츠형으로 만들어서 운영할 수 있어요.

인지-유입-전환 구조를 적용해서 블로그를 모객 플랫폼으로 만드는 과정을 알려드릴게요. 먼저, 인지와 유입을 같이 하는 방식이에요. 방법은 내 블로그를 포스팅해서 네이버 검색 최상단에 노출시키기,

블로그 이웃과 댓글로 소통하면서 내 블로그 링크 남기기, 내 콘텐츠 주제와 맞는 회원들이 있는 카페에 침투해서 활동(정보성 콘텐츠를 꾸준히 제공)하다가 내 블로그로 유입시키는 방법 등이 있어요. 이미 만들어진 모임 플랫폼에서 내 블로그 글을 포스팅해서 내 블로그로 유입시키는 방법도 있어요. 단순히 블로그로 내 콘텐츠를 홍보하는 데 멈추지 않아야 해요. 우리가 블로그든 카페든 유튜브든 플랫폼을 하는 목적은 모객이죠. 내 콘텐츠를 구매할 고객들을 많이 모으는 거예요. 그래서 내 콘텐츠 블로그로 한 명이라도 더 올 수 있게 해야 하는 거죠. 블로그 카테고리에 콘텐츠 공지, 콘텐츠 신청을 만들어요. 그리고 콘텐츠 공지 링크를 외부 플랫폼과 페이스북, 인스타그램, 카카오톡 플러스 등의 채널로 퍼뜨리는 거예요. 이렇게 블로그(플랫폼)로 유입시킬 많은 채널을 활용하면 내 블로그는 모객 플랫폼이 될 거예요.

다음은 카페예요. 앞 장에서 나온 중고나라 카페를 떠올려볼까요? 회원 1천만 명이 있는 곳인데요. 회원들이 판매자가 되거나 구매자가 되기도 하죠. 실제로 중고나라에서 물건을 사고파는 과정을 살펴볼게요. 판매자인 내가 중고나라를 검색해서 들어와요. 왼쪽에 있는 카테고리에서 내가 팔 물건의 품목을 찾아서 들어가요. 예를 들어, 어린이 전집(중고책)이라면 유아/아동용품 메뉴에 들어가서 판매 글을 올리면 돼요. 판매자가 세분된 카테고리로 들어간 것 자체가 핵심 고객 설정(타기팅)이 된 것이에요. 왜냐하면 내 물건을 살만한 고객군으로 범위를 좁힌 것이니까요. 그리고 여기에서 내 물건을 팔기 위해 홍보성 글을 올리죠.

이 방식으로 내가 직접 카페를 만들어서 고객을 모을 수 있어요. 네이버 카페를 압도적으로 많이 사용하니까 네이버로 알려드릴게요. 카페는 블로그보다 회원들의 활동이 더 활발한 플랫폼이에요. 카페는 매니저가 회원가입을 받고, 회원들에게 서비스를 제공하죠. 회원들도 카페 안에서 자기의 글도 올리고 자유롭게 활동하죠. 카페는 회원을 기반으로 비즈니스를 하기 때문에 모객에 대한 기능도 블로그보다 더 다양해요. 회원들에게 전체 쪽지를 보내거나, 카페 안에서 체험단 모집처럼 특정한 이벤트를 열어 거기에 참여시키면서 자연스럽게 모객을 하는 거죠. 카페를 운영하고 플랫폼을 만든 후에는 가입한 회원들에게 미션을 주고 실천하게 하도록 지시하는데요. 미션을 실행하려면 반드시 카페에 하루 한 번은 들어와야 하기 때문에 자연스럽게 카페의 충성 고객이 되는 거죠. 또 자신이 원하는 정보를 얻기 위해 카페에 글을 몇 건 쓰고, 댓글을 몇 건 달아주는 방식으로 매니저가 원하는 방향으로 카페라는 플랫폼을 활발하게 키울 수 있는 거죠.

마지막으로 요즘 핫한 플랫폼 유튜브를 알아볼게요. 유튜브를 채널이라 부르기도 하지만 최근에는 유튜브에서 고객(구독자)들과 실시간 방송을 하면서 소통을 하고, 그 자리에서 독자가 주는 후원금(아프

리카TV 별풍선)을 받는 걸로 업그레이드되었어요. 또 다른 예로 유튜브 게임 BJ가 자신에게 직접 게임 콘텐츠를 받고 싶으면 멤버십으로 유료 회원가입을 유도하는 방법으로 플랫폼에 사람을 모을 수 있습니다.

지금까지 모객 플랫폼인 블로그, 카페, 유튜브의 특징에 대해 알아보았어요. 이처럼 플랫폼의 종류는 다양하고요. 플랫폼을 하나만 사용할 수도 있고, 두 개 이상을 컬래버레이션해서 고객을 모을 수도 있어요. 중요한 것은 내 콘텐츠를 구매할 고객들을 많이 모을 수 있고, 들어온 고객이 구매를 전환할 수 있는 나에게 맞는 플랫폼을 만드는 거예요. 다음 장에서는 기존의 모객 플랫폼의 특징을 다뤄볼게요.

★★★

03 모객 플랫폼 활용방법 ① (블로그, 카페, 유튜브)

플랫폼마다 각각 저마다의 특징과 개성이 있어서 우리는 이것을 잘 파악하고 비즈니스를 운영해야 합니다. 그렇다면 나에게 맞는 플랫폼은 어떤 것일까요? 플랫폼의 특징을 알아보고, 해답을 찾아볼게요.

먼저, 블로그입니다. 네이버 어학 사전에 블로그를 검색하면 '자신의 관심사에 따라 자유롭게 칼럼, 일기, 취재 기사 따위를 올리는 웹사이트'라고 나옵니다. 'blog'는 동사로 '블로그를 기록하다'라는 뜻인데요, 사전적인 의미에서 블로그라는 플랫폼의 특징을 한 문장으로 뽑아낼 수 있습니다. 블로그는 칼럼, 일기, 기사와 같이 글자(텍스트)를 중심으로 해요. 일기처럼 소소하게 일상을 적으면서 웹(지금은 sns까지)에서 사람들과 공감하는 소통 창구가 되었습니다. 그런데 이것을 네이버에서 인플루언서 도입이라는 마케팅적인 접근을 하면서 하나의 비즈니스 플랫폼이 되었습니다. 인플루언서? 이건 또 뭐야? 할 수 있을 것 같습니다. 어디선가 들어본 것 같은데 말이죠. 정확한 뜻은 무엇일까요? 인플루언서influencer는 영향력을 행사하는 사람으로 블로그라는 공간에서 활동하고 있는 수많은 블로거 중에서 자신의 글(중심)이 영향력이 높아 여론을 형성하거나 다수의 관심을 받는 사람입니다. 그래서 이들이 관심을 갖고 있는 제품 같은 것들을 자기 블로그에 글을 올리면 많은 사람의 여론을 만들 수 있어서 화장품 등의 자기네 기업 제품을 인플루언서 블로거에게 사용할 수 있게 협찬을 해주고, 블로거가 제품 사용 후기(리뷰)를 블로그에 올리는 거죠. 기업들이 자사 제품을 홍보하기 위해 TV나 라디오와 같은 매체에 막대한 마케팅 비용을 투입해서 제품을 홍보하던 방법에서 인플루언서를 활용하여 상대적으로 저렴한 비용으로 마케팅을 하고 있죠. 그리고 지금도 블로그에 제품 리뷰 글을 올려주고, 소정의 고료를 주는 로그 마케팅이 있죠. 인플루언서까지는 아니어도 일일 방문자 수와 블로그 지수가 일정 수준이 되는 블로거에게 온라인마케팅 기업에서 협찬 의뢰를 하죠. 이처럼 블로그는 인플루언서를 도입하면서 자신의 관심사를 적고 공유하는 것을 넘어, 이제는 제품이나 서비스를 홍보할 수 있는 온라인마케팅 플랫폼이 되었습니다. 예를 들어, 대부분 공인중개사는 자신의 블로그로 중개업 홍보를 하고 있는데요. 비교적 연세가 있는 공인중개사분들은 유튜브나 인스타그램보다 글(텍스트) 중심의 블로그를 전략적으로 잘 활용해서 광고비를 최소화하여 중개업 비즈니스 마케팅을 하고 있습니다. 블로그는 글쓰기를 기본으로 하고 있기 때문에 이미지나 영상 작업이 어려운 분들에게는 가장 쉽게 접근할 수 있는 플랫폼입니다. 그리고 앞으로 알려드릴 다른 플랫폼에 비해 단기간(3개월 내외)에 방문자 수를 늘릴 수 있습니다(플랫폼 규모를 키울 수 있어요). 다만, 블로그는 진입 장벽이 낮은 만큼 시장 경쟁이 치열하고, 네이버 c-rank 로직-체류 시간에 따라 내 게시글이 상단 노출이 안 되기도 하고, 유사 문서에 걸려 저품질에 빠지기도 하는 등 예민한 플랫폼입니다. 그리고 1인 기업가(강사)인 우리가 블로그로 온라인 모객을 한다고 하면, 블로그 자체로 수익을 내는 것보다 인플루언서처럼 내 콘텐츠를 (잠재)고객에게 알릴 수 있는 마케팅 채널 성격이 더 강하다고 볼 수 있습니다.

두 번째로, 네이버 카페는 하나의 주제에 관해 관심이 있는 사람들이 모여서 커뮤니티를 이루는 공간입니다. 대표적인 예로, 맘카페(육아 경험을 공유하고 소통하는 여성 중심의 커뮤니티), 중고나라(중고물품을 사고파는 커뮤니티) 등이 있죠. 카페는 앞서서 소개한 블로그와 유튜브처럼 1대多 소통이 아니라 회원과 회원들 간의 多대多 소통이 이뤄지는 특징을 가진 플랫폼입니다. 그리고 네이버 카페의 기능을 활용해서 기업 홈페이지처럼 운영하고 관리할 수 있다는 점에서 플랫폼 비즈니스에 최적화되어 있습니다. 네이버 검색으로 내 카페를 노출시킬 수 있고, 카페에 나(매니저)뿐만 아니라 회원이 올린 영상이 이슈가 되어 내 카페에 방문한 다른 사람들이 댓글을 달면서 카페라는 공간에서 여론을 만들어 내기도 하죠. 1인 기업가(강사)들은 네이버 카페를 만들어 운영하는 경우가 많은데요. 카페를 통해 회원을 모집하고, 여기에 내 콘텐츠를 소개하고 콘텐츠를 개설하여 신청자를 받고, 콘텐츠 후기를 회원들이 남길 수 있게 하고, 또 매니저의 권한으로 회원들에게 메일이나 쪽지 보내기, 초대하기 등으로 회원(고객) 관리를 직접 할 수 있다는 점에서 비즈니스 플랫폼으로 최적화되어 있다고 할 수 있습니다. 다만, 카페는 활성화하고 규모를 키우는 데 블로그보다 시간이 더 소요(6개월~1년)되는 게 단점이지만, 회원 관리를 직접 할 수 있고 회원이 자기 스스로 콘텐츠(글, 이미지, 영상 등)를 올릴 수 있어 유튜브처럼 제작자(크리에이터)가 지속적으로 콘텐츠를 올릴 필요가 없다는 장점이 있습니다. 또한 카페에 나의 주제와 연관된 기업의 제품이나 서비스에 대한 광고 제휴를 맺어 광고(배너 광고 등)함으로써 콘텐츠 수익 외에 또 다른 수익을 창출할 수도 있다는 장점이 있습니다.

세 번째는 유튜브입니다. SNS 시대에 가장 친숙한 플랫폼이죠. 요즘 우리는 기상해서 유튜브로 음악 듣기, 자기 전에 유튜브로 짤방 보기 등 유튜브로 하루를 시작해서 하루를 마무리하는 분들이 많은데요. 유튜브는 나의 관심사를 정해서 TV처럼 채널을 만들고 이 공간에 영상 콘텐츠를 올리는 플랫폼입니다. 구글에서 만든 동영상 플랫폼으로, 내가 관심 있는 주제의 영상을 언제 어디서나 내가 원하는 시간과 장소에서 볼 수 있다는 게 가장 큰 특징입니다. 여기에 더해 내가 보고 싶은 영상에서 내가 원하는 장면 구간만을 콕 집어서 볼 수도 있습니다. 그래서 방송사에서는 아예 유튜브에 자사 채널을 만들고, 여기에 '핫 클립'과 같은 문구와 섬네일(인터넷 홈페이지나 전자책 같은 컴퓨팅 애플리케이션 따위를 한눈에 알아볼 수 있게 줄여 화면에 띄운 것)로 시청자, 구독자를 모으고 마케팅을 합니다. 전에는 동영상 콘텐츠 제작이 방송 프로그램 제작을 하는 사람들의 전문적인 영역이었지만, 지금은 스마트폰 하나만으로도 괜찮은 퀄리티의 영상을 혼자서도 만들 수 있죠. 유튜브는 영상 콘텐츠 중심의 플랫폼이기 때문에 TV 광고와 같거나 더 높은 마케팅 효과를 얻을 수 있습니다.

예를 들어, 삼양에서 새로 나온 라면을 홍보하고 싶어서 인지도가 높은(블로그 인플루언서와 유사) 먹방 유튜버를 찾다가 홍삼이네(구독자 수 238만 명_2022.5.22. 기준)에게 라면을 협찬하고, 홍삼이네에서 이 라면을 맛있게 먹는 영상을 제작해서 홍삼이네 채널에 올리는 거죠(출처: 유튜브 채널 홍삼이네, 한층 더 업그레이드된 60주년 삼양라면 리뉴얼! 요리&

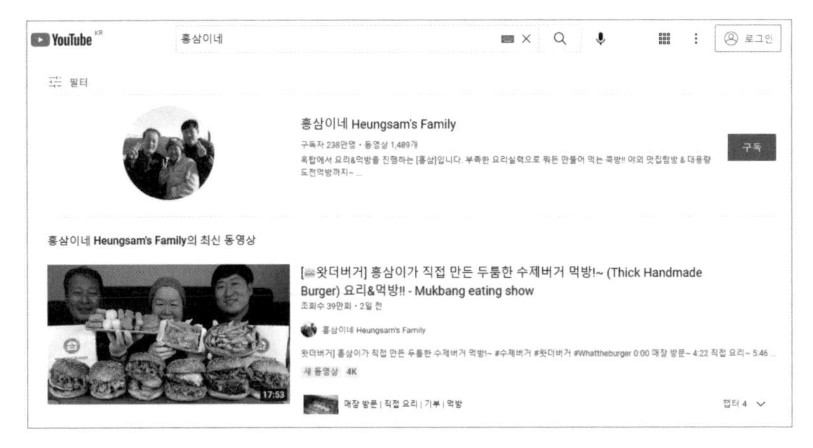

출처 : 흥삼이네 유튜브 채널

먹방!!). 구독자가 200만 명 가까이 되는 인기 있는 먹방 유튜버니까 당연히 제품 광고 효과도 높겠죠?

요즘에는 부읽남(부동산 읽어주는 남자)처럼 1인 기업가(강사)들이 자신의 콘텐츠를 알리는 유튜브 채널을 만들고, 여기에서 자신의 콘텐츠를 맛보기(광고처럼 방문자들에게 호기심을 유발하여 본 콘텐츠를 수강하도록 유도하는) 마케팅 방법을 많이 사용해요.

지금까지 블로그, 유튜브, 카페, 이 세 가지 플랫폼의 특징에 대해 알아봤습니다. 어떤 플랫폼이 더 좋으니 여러분들은 이거를 해야 한다? 그런 건 없습니다. 앞에서 알려드린 각각의 플랫폼의 특징을 보고, 여러분들의 성향(내가 글쓰기를 잘한다, 내가 영상 제작을 잘한다, 내가 사람들 모으는 것을 잘한다 등)에 맞는 플랫폼을 선택해서 하면 되는 겁니다. 우리 1인 기업가들은 온라인 모객을 바탕으로 고객을 만나고 그들이 우리의 콘텐츠를 구매하도록 하는 게 목표이기 때문에 이 부분을 잘 고려해서 플랫폼을 선택하신 후 운영하면 될 겁니다. 어떤 플랫폼을 선택하든 간에 중요한 점은 꾸준하게 콘텐츠를 업로드하고, 꾸준하게 내 플랫폼을 알리는 겁니다. 기본이지만 가장 중요한 것은 꾸준하게 실행하는 것입니다.

★★★

04 모객 플랫폼 특징② (이벤터스, 온오프믹스, 페스타)

저는 이런 고민을 해봤습니다. 강사인 내가 온라인 모객을 해야 수강생을 모집하고 콘텐츠 수익을 낼 수 있는데, 콘텐츠 준비만 해도 시간이 부족하다면? 그래서 블로그나 카페나 유튜브 같은 플랫폼을 지금 당장 만들고 운영하기 어렵다면 어떻게 해야 할까? 혹은 내 플랫폼이 있지만 잘 알려지지 않아 온라인 모객이 잘 안 되고 있다면 다른 돌파구가 뭐가 있을까? 정답은 '모임 플랫폼 활용하기'입니다. 사람들의 머릿속에 각인된 모객 플랫폼에 내 콘텐츠를 홍보하고 거기에서 온라인 모객까지 하는 겁니다. 제 경험을 바탕으로 이야기해볼게요. 중고책 부업 교육을 하는 대표님이 제게 의뢰를 해오셨습니다. 대표님은 중고책 부업을 활발히 활동하고 성과(월 200만 원 이상)도 잘 나오는 수강생들로 중고책 부업 홍보 서포터즈를 만들었습니다. 그리고 그들에게 자신의 블로그를 만들어 콘텐츠 포스팅을 하면서 중고책 부업을 홍보해서 온라인 수강생 모객을 하고 있었다고 하더라고요. 그런데 서포터즈들이 본업 때문에 블로그에 콘텐츠 올리기를 잘 하지 못하면서 온라인 모객이 저조하고, 매월 비용을 들여 네이버 파워링크와 키워드 광고를 하고 있어 거기서 온라인 모객이 되고는 있지만 마케팅비를 빼면 순수익은 얼마 되지 않아서 어떤 방법으로 온라인 모객 마케팅을 해야 할지 모르겠다며 고민을 털어놓으셨습니다. 저는 그분에게 모임 플랫폼을 활용해서 콘텐츠 상세페이지를 만들어 콘텐츠를 알리고, 대표님이 운영하는 카페로 수강생들을 유입시키고 본 콘텐츠를 수강 결제하는 방법을 제안했습니다. 그러면서 그분에게 제가 중고책 부업 수강생 모객 상세페이지(랜딩페이지)를 만들고, 직접 모객까지 하겠다고 했습니다. 모객 플랫폼은 교육이나 콘텐츠와 같은 모임에 사람들을 모으는 전문 플랫폼이고요. 이벤터스, 온오프믹스, 페스타가 대표적입니다. 지금부터 각각의 모객 플랫폼의 특징을 알려드릴게요. 1인 기업가 여러분들의 상황에 잘 맞는 플랫폼을 선택해서 사용해보시기를 권해드립니다.

첫 번째로 이벤터스입니다. 모임 플랫폼 중에 가장 인지도가 높고, 가장 많은 콘텐츠 모집 정보가 올라오는 곳입니다. 그만큼 콘텐츠 홍보 노출 효과가 높다는 뜻이겠죠? 이벤터스는 콘텐츠 제목, 콘텐츠 요약, 상세페이지, 설문 기능, 메일링 & 알림 기능으로 구성되어 있습니다. 참가자 명단을 확인하는 참가자 관리가 있고, 참가자 관리에서 어제보다 참가자가 몇 명 증가했는지 통계 데이터로 확인할 수 있고, 내가 올린 모객 콘텐츠 중에 가장 조회 수가 높은 게 어떤 것인지 조회 수 순위를 리스트로 볼 수 있습니다. 이벤터스는 유튜브 채널처럼 모객 플랫폼 안에 콘텐츠를 지속적으로 올리고 구독자를 모을 수 있도록 했습니다. 이것이 온오프믹스와 가장 큰 차이점이라고 할 수 있습니다.

두 번째, 온오프믹스는 기관 등에서 많이 사용하는 모객 플랫폼입니다. 콘텐츠 제목, 콘텐츠 요약 설명, 상세페이지, 설문 기능이 있고, 콘텐츠 결제도 유료 또는 무료로 선택해서 운영할 수 있습니다. 해시태그를 이용해서 검색어 노출을 시켜 모객 콘텐츠를 알릴 수 있습니다. 전에는 온오프믹스의 인지도가 가장 높아서 제일 많이 사용했지만, 지금은 하락세로 이용자와 방문자 수가 점차 줄어들고 있습니다.

세 번째, 페스타는 구글 계정을 이용해서 모객 플랫폼을 만들어 운영할 수 있습니다. 페스타는 기존에 내가 만든 모객 콘텐츠를 저장하고 업데이트해서 사용하기 용이한 플랫폼입니다. 인지도는 셋 중에서 가장 낮은 편이고, 참가 확정이 되면 참가자에 온라인 참석 티켓을 발송하는 시스템으로 되어 있습니다.

마지막으로 모객 플랫폼 활용 효과를 200% 높이는 방법은 모객 플랫폼 안에 내 콘텐츠를 소개하면서 내 플랫폼(활성화가 덜 된 상태라도 괜찮습니다)에 고객이 접속할 수 있도록 링크를 꼭 연결하는 겁니다. 이것을 '브릿지 전략'이라고 하는데, 모객 플랫폼을 다리 삼아 내 플랫폼으로 방문자를 유입시켜 모객하는 것이에요. 지금까지 제가 실제로 경험했던 모객 플랫폼의 특징을 간단히 알아보았습니다.

★★★

05 모객 플랫폼 활용방법②
(이벤터스, 온오프믹스, 페스타)

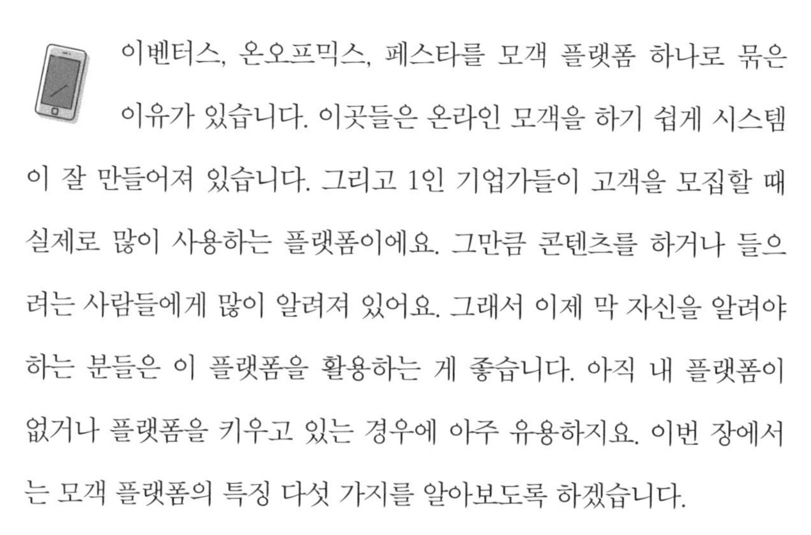

이벤터스, 온오프믹스, 페스타를 모객 플랫폼 하나로 묶은 이유가 있습니다. 이곳들은 온라인 모객을 하기 쉽게 시스템이 잘 만들어져 있습니다. 그리고 1인 기업가들이 고객을 모집할 때 실제로 많이 사용하는 플랫폼이에요. 그만큼 콘텐츠를 하거나 들으려는 사람들에게 많이 알려져 있어요. 그래서 이제 막 자신을 알려야 하는 분들은 이 플랫폼을 활용하는 게 좋습니다. 아직 내 플랫폼이 없거나 플랫폼을 키우고 있는 경우에 아주 유용하지요. 이번 장에서는 모객 플랫폼의 특징 다섯 가지를 알아보도록 하겠습니다.

첫째, 내 콘텐츠를 어떤 카테고리에 넣을지가 중요해요. 사람들은 머릿속에서 복잡하게 생각하는 걸 싫어한다고 했죠. 모객 플랫폼이 생긴 이유가 뭘까요? 내가 참여하고 싶은 모임에 관한 정보를 한 곳에서 다 얻고 싶기 때문이죠. 그래서 우리가 기존에 만들어진 모객 플랫폼을 활용할 때는 플랫폼이 어떤 구조인지 파악해야 해요. 저는 제가 행사를 참여하고 싶은 고객이라 가정하고 그들이 할 생각과 행동(액션)을 시뮬레이션해 봐요. '깊게 생각하기 귀찮다', '그래서 누군가 나에게 가이드를 해주면 좋겠다' 이벤터스 플랫폼에 들어왔을 때 맨 위에 카테고리를 클릭해볼 거예요. 한눈에 바로 들어오거든요. 그리고 3음절 이내로 된 카테고리 중에서 앞에서부터 3~4개 카테고리 중에 하나 또는 두 개를 선택해서 모임을 찾아보려고 할 거예요. 온라인, 창업, 예술 순으로 나오네요. 나의 콘텐츠 회원 모집이 세 가지 카테고리 중에 적어도 1개 이상에 해당하도록 해보세요. 내 콘텐츠 '온라인 모객으로 한 달 안에 고객 1천 명 모으기'를 온라인/창업/부업으로 설정했어요. 고객이 찾을 내 콘텐츠를 볼 확률이 더 높겠죠.

둘째, 카테고리 다음으로 고객의 눈이 많이 쏠리는 곳이 어디일까요? 바로 추천 행사 메뉴예요. 이 페이지는 인기도가 높은 순으로 이벤터스에서 배너를 앞에서부터 노출하는데요. 여기서도 앞에서 3등까지 순위 랭크되면 참가자 유입률이 2배 이상 높아질 수 있어요. 그렇다면 어떻게 해야 인기 많은 행사로 순위에 올라갈 수 있을까요? 저는 여기서 이벤터스가 만든 채널에 주목해요. 채널이란 단어는 유튜브에서 자주 접해보셨을 거예요. 유튜브는 구독자 수가 많은 채널(블로그 인플루언서와 같은 개념)과 해당 주제에서 조회 수가 높은 채널을 추천 영상으로 보여줘요. 유튜브 알고리즘이라고 하죠. 이 원리를 이벤터스 채널에 적용할 수 있어요.

① 채널 가입한 구독자 수가 많을 것 ② 내 게시글을 많이 조회하게 할 것

위의 두 가지 모두를 충족시키면 당연히 행사 추천 TOP3에 들어올 수 있겠죠? 구독자 수를 늘리는 방법은 지인 또는 카카오톡 오픈채팅방을 통해 채널 구독을 유도할 수 있어요. 지인에게 하는 건 쉬울 테니까 언급을 안 해도 될 것 같아요. 사실 중요하고 핵심적인 곳이 카카오톡 오픈채팅방인데요. 어떤 오픈채팅방에는 가입자 1천 명이 넘는 곳도 있어서 제대로 마케팅을 한다면 채널 회원가입 수를 폭발적으로 늘릴 수 있어요. 다만 오픈채팅방에 있는 사람들이 아직 내 채널과 내가 어떤 사람인지 모르기 때문에 무턱대고 채널 가입 홍보를 하면 강제퇴장 당할 확률이 아주 높아요. 처음 들어와서 약 3~4주 동안에는 오픈채팅방 주제에 맞는 정보성 콘텐츠를 주기적으로 올리고 공유하세요. 그렇게 해서 오픈채팅방 사람들과 친밀감이 형성되는 시점(또는 거부감이 안 생길 시점)에 내 채널을 알리세요.

셋째, 이벤터스 플랫폼에서 시각적으로 눈에 들어오는 배너를 제대로 활용해보세요. 배너 광고에서 중요한 포인트는 무엇일까요? 디

자인 예쁘게 하기? 눈에 잘 띄게 만들기? 아니에요. 우리가 흔히 하는 착각들이에요. 여러분이 배너 광고를 사용하려는 목적이 무엇인가요? 고객이 내가 만든 배너를 보고 내 콘텐츠를 구매하도록 하는 거예요. 저는 모집 기간이 끝나기 전에 어떻게 하면 목표 고객 수를 마감할지를 고민해요. 그런 고민에 고민을 거듭하면서 알아낸 것은, 고객은 내가 배너에 심어 놓은 한 줄 카피에 끌려서 클릭하고 수강신청을 한다는 거예요. 배너는 디자인을 뽐내기 위한 수단이 아니에요. 고객이 얻을 직접적인 혜택이 한눈에 한 문장으로 보여야 해요.

이제 제가 실제 모객한 사례로 보여드릴게요. '온라인 모객으로 1달 안에(만에) 1000명 모으기'란 문구가 화면 중앙에 제일 먼저 눈에 들어올 거예요. 저는 여기에 온라인 모객과 고객 1000명을 강조하려고 빨간색과 녹색으로 표시했어요. 그리고 그 아래에 '22년 4월 온마연 1기 모집'이라고 적었죠. 여기에 배경화면은 아예 넣지 않았어요. 제가 디자인을 못해서 넣지 않았을까요? 아닙니다. 요즘에는 미리캔버스처럼 디자인 템플릿을 활용해서 얼마든지 괜찮은 퀄리티의 콘텐츠를 만들 수 있어요. 최상급의 디자인을 하고 싶다면 전문 디자이너에게 돈을 지불하고 의뢰하면 되겠죠? 어찌 보면 밋밋할 수 있는 이 배너로 모집을 시작한 지 7일 만에 모집 정원 10명 중 5명을 모았어요. 저는 1인 기업을 하는 분들에게 디자인까지 잘하시라고 권해드리지 않아요. 고객에게 제공할 퀄리티 높은 콘텐츠를 준비하기에도 시간이 부족하니까요. 대신에 저는 배너만 보고도 내 콘텐츠를 신청할 수 있도록 한 줄 카피 만들기에 신경을 많이 쓰라고 말씀드리고 싶습니다.

넷째, 이벤터스 모객 플랫폼은 내 콘텐츠를 알리는 최적의 인콜 채널이에요. 인콜 채널은 고객들이 내 플랫폼으로 들어오게 만드는 신청 경로들이라고 하면 이해가 쉬울 거예요. 여기서 저는 '경로들'이라고 했어요. 복수라는 의미가 아주 중요해요. 내 콘텐츠를 보고 들어오게 하는 경로를 여러 개 만들 수 있고 온라인에서 무료로 설치할 수 있어요. 프리미엄 배너 광고 등은 유료이기 때문에 이제 콘텐츠를 시작하려는 1인 기업가들에게 광고비 예산은 큰 부담이 되죠. 그래서 모객 플랫폼을 인콜 채널로 잘 활용하셔야 합니다. 앞선 과정을 거치면서 카테고리 설정, 채널 아이디identitiy 구축(로고), 한 줄 카피가 들어간 배너를 만들었다면, 이제 고객이 배너를 클릭했을 때 보이는 상세페이지를 만드는 거예요. 상세페이지는 내 플랫폼(블로그 등)에 올린 수강생 모집 공고를 가져오면 돼요. 물론 이벤터스 본문 페이지에서 직접 작성하는 것도 방법이죠. 다만 아무런 재료도 없이 이벤터스 페이지에서 온라인 모객 콘텐츠를 만들려면 시간이 오래 걸릴 거예요. 일주일이 지나도 페이지 절반도 만들지 못할 수도 있어요(이건 제 경험에서 나온 거랍니다). 이벤터스 외에도 온오프믹스, 페스타 같은 무료 플랫폼에 올려 인콜 채널을 늘릴 수 있어요. 그리고 앞서 말한 이벤터스 채널에서 채널 구독자들에게 전체 메일을 보내서 내 블로그로 유입시킬 수 있어요. 기존에 만들어진 모임 플랫폼은 내 플랫폼으로 고객을 유입시키는 또 하나의 유입 채널로 접근하는 사고가 필요해요.

정리하면, 이벤터스와 같이 모임 플랫폼에 최적화된 채널을 제대로 활용하면 내 콘텐츠를 알리기 쉬워요. 그리고 수집한 고객 정보를 데이터베이스DB로 관리하기 수월하게 툴Tool을 제공하고 있고요. 채널 안에 또 다른 채널(카카오톡 오픈채팅방 등)을 만들어서 내 콘텐츠를 구매할 팬들을 모을 수도 있어요.

4장 Point!

모객 플랫폼을 만들어 내 상품을 구매할 고객을 모으기

1. 내 플랫폼이 있다면 주력 플랫폼과 이를 지원support해주는 유입 채널을 함께 운영해보세요(예: 플랫폼 - 블로그, 유입 채널 : 유튜브, 오픈채팅방, 페이스북, 인스타그램 등).

1. 아직 내 플랫폼이 없다면 온라인모객에 최적화된 모임 플랫폼을 활용하세요. 특히, 참가자 DB 수집 기능을 적극 사용해보세요.

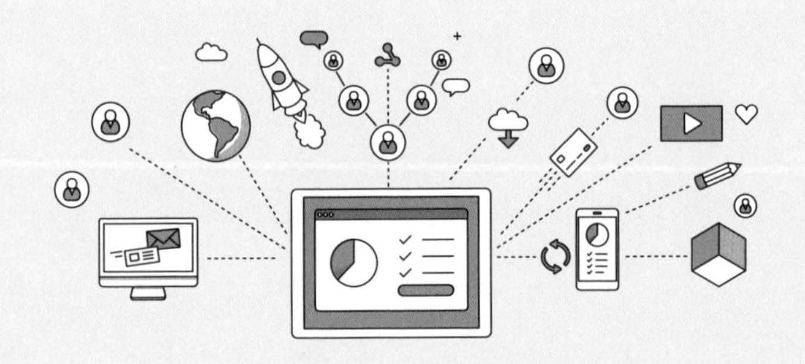

Part 5

4단계 : 전략을 수립한다

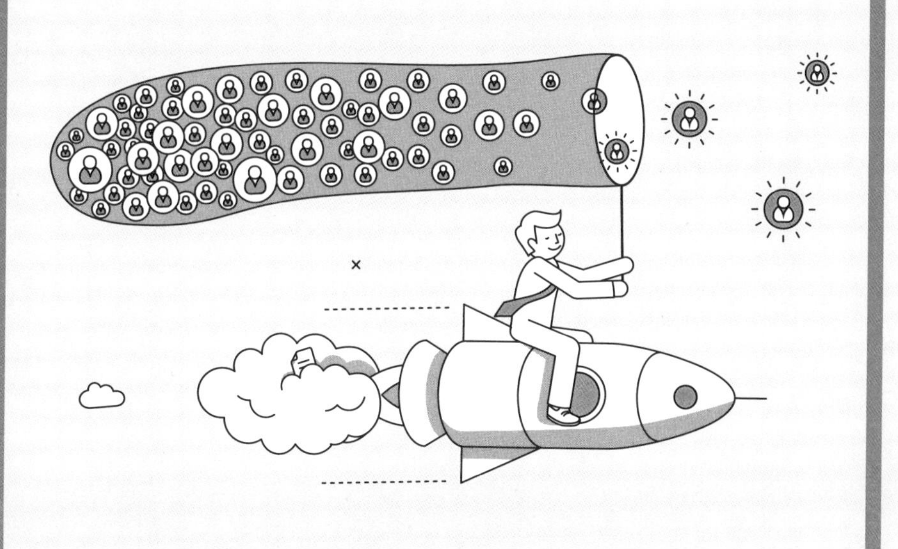

01 온라인마케팅의 핵심, 네이버 키워드

이번 장에서는 온라인 모객을 시작할 때 가장 중요하게 다룰 '네이버 키워드'에 대해 알아보도록 하겠습니다. 네이버에서 제공했었던 '실시간 검색어' 기억나시나요? 네이버 사이트 접속 시각에 가장 많이 검색되고 있는 검색어를 메인 페이지 오른쪽 상단에서 확인할 수 있었는데요. 사이트 방문자들은 웹서핑 중 무의식적으로 실시간 검색어를 클릭해서 안에 무슨 콘텐츠가 있나 더 찾아봤을 거예요. 당시 네이버 실시간 검색어의 광고 효과가 엄청나다보니 대기업 등이 막대한 자본을 투입해서 검색어를 장악하여 원래 목적이었던 네이버 이용 고객에게 실시간 검색 정보 제공이 기업 홍보, 상품 홍보 등으로 변질되어 2020년부터 서비스가 종료되었습니다. 우리는 여전히 네이버에서 서핑하고, 검색어와 연관검색어를 통해 정보를 얻고 있어요.

저는 1인 기업으로 중고책방을 운영할 때 네이버 키워드의 마케팅 위력을 실감했어요. 키워드, 즉 검색어는 단순히 사람들의 머릿속에 떠오르는 단어들이 아니에요. 이제는 빅데이터라고 해서 키워드에 대해 분석한 정보를 얻고 이것을 다시 온라인마케팅으로 활용하고 있어요.

예를 들어 '온라인 모객'이라는 콘텐츠를 마케팅한다고 가정하면, 먼저 다른 사람들이 네이버에서 자주 검색하는 키워드를 찾아내세요. 온라인 모객이라고 네이버 블로그를 검색하면 키워드 검색량(검색 건수)이 나옵니다. 검색량이 많다는 것은 네이버에서 사람들이 그 수치만큼 많이 검색한다는 거예요. '그럼 검색량이 높은(10만 건 이상) 키워드로 마케팅하면 되겠네'라고 생각할 거예요. 검색량이 10만 건 이상 되는 키워드들은 업계에서 '센 키워드'라고 불려요. 1인 기업들이 이 키워드를 가지고 바로 블로그 포스팅을 한다면, 블로그 본문에 글을 3천 자 이상 쓰고 그림 30장 이상을 구성해서 올려도 보는 고객들이 아무도 없을 거예요. 왜냐면 너무 센, 경쟁이 치열한 키워드(시장)이기 때문에 업계 초기에 있는 여러분들의 콘텐츠를 알릴 네이버 블로그 상위 노출 기회가 없을 거예요.

그렇다면 1인 기업들은 네이버 키워드로 어떻게 콘텐츠 마케팅, 온라인 모객을 시작해야 할까요? 키워드는 내 블로그가 키워드 시장에서 상위에 노출될 수 있는 검색량 강도가 약한 것에서 센 것으로, 점진적으로 늘려야 합니다. 효율적인 키워드 관리를 위해 1주 간격으로 키워드 캘린더를 만들어 포스팅해보세요. 키워드 캘린더에 들어갈 항목들은 다음과 같습니다.

1) 날짜/시간 : 며칠 간격으로 포스팅할지, 어느 시간대에 할지 적어요.
2) 메인 키워드/검색량 : 내 블로그 콘텐츠 제목을 결정짓는 메인 키워드입니다. 더불어서 이 키워드로 내 블로그 콘텐츠를 네이버 블로그에서 상위 노출시키기 위해 가장 중요한 메인 키워드 1개를 적어요.
3) 연관검색어들(3~5개가 적절)/검색량 : 블로그 본문 구조(일반적으로 시작, 중간, 끝)를 이룰 메인 키워드를 뒷받침해줄 연관 키워드들을 적어요. 글의 시작에 배치할지, 중간 혹은 끝에 배치할지 표시해두세요. 블로그 글을 쓰는 시간을 2시간 이상 줄일 수 있을 거예요.
4) 빅데이터 키워드 : 콘텐츠에 메인 키워드에서 파생된 키워드를 긁어오세요. 디테일한 데이터 수집은 '블랙키위'에서 할 수 있어요.
5) 해시태그 키워드 : 블로그 본문 작성이 끝나면 발행(포스팅)을 하는데, 여기서 해시태그 설정을 해줘야 한 명에게라도 더 검색 노출이 됩니다. 본문을 쓰는 것에 힘을 쏟다가 해시태그 적는 것을 빼먹거나 대충 하

는 경우가 빈번한데, 그러면 마무리가 아쉬워요. 그러니 블로그 캘린더에 해시태그 키워드들을 미리 적어두세요. 본문 쓰기가 끝나면 바로 블로그 캘린더를 열어서 적어두었던 키워드를 복사 붙여넣기만 하면 10초 안에 해시태그를 걸고 포스팅(발행)할 수 있어요.

메인 키워드와 연관 키워드를 많이 갖고 있을수록 네이버 키워드 시장에서 내가 노출하고자 하는 키워드를 선점할 수 있어요. 그러면 누군가는 제게 이렇게 물어볼 거예요. "내 블로그에 맞는 메인 키워드 하나 찾는 것도 시간이 오래 걸리는데 도대체 어떤 방법으로 해야 하나요?" 앞서 말했던 '블랙키위(blackkiwi.net)'를 활용해볼게요.

키워드는 고객 관점에서 머릿속에 3~5초 안에 떠올릴 만한 단어를 키워드로 수집하면 돼요. 예를 들어, 내가 중고책 창업 교육을 하는 강사고 이미 중고책방을 운영해서 월급 이외의 수익을 낸 경험을 바탕으로 한 '중고책 부업'을 메인 키워드로 하려고 해요. '중고책 부업'을 블랙키위에서 검색하면 연관 키워드는 0건으로 나오네요. 이 말은 고객들이 '중고책 부업'이라는 단어를 머릿속에서 생각하고 있지 않다는 의미예요.

블랙키위 검색창에 'NAVER 〉 직장인 부업'을 검색해볼게요. 검색량이 낮은 키워드가 맨 위에 보이네요. 직장인 부업에서 파생되어 나온 연관 키워드들은 다음과 같아요. 직장인 돈 벌기, 직장인 재택 부업, 직장인 투잡 창업, 직장인 부수입, 온라인 부업, 집에서 하는 부업, 직장인 투잡 등 20개의 연관 키워드가 보이네요. 이 정보는 다수 고객의 머릿속에서 검색어를 만들고, 이후에 직접 네이버에 검색한 키워드들이니 이 키워드를 사용한다면 검색어 노출이 전보다 잘될 거예요. 연관 키워드 수가 20개가 되니까 블로그 제목 짓기와 블로그 본문 작성이 훨씬 수월해질 겁니다.

이번 장에서는 온라인 모객 마케팅을 시작할 때, 가장 많이 다뤄야 할 네이버 키워드에 관해 1인 기업가(강사)들이 온라인 모객(마케팅)을 하기 위해서는 어떤 것들을 알아야 하는지 알아보았어요. 다음 장에서는 네이버 키워드 검색량과 경쟁률 파악하기에 대해 자세히 다뤄볼게요.

★★★

02 네이버 데이터랩으로 고객의 키워드 트렌드 파악하기

해마다 연초에 김난도 교수가 '(새해 년도) 트렌드 코리아' 책을 내며 올해에 핫 트렌드가 될 20개의 목록을 정리하고 소개하는데요. 이 책이 해마다 베스트셀러로 날개 돋친 듯 팔리고 있다고 하죠. 우리는 1인 기업이기 때문에 트렌드를 잘 읽어야 하고 나아가 변화에 잘 적응해야 해요. 가장 BEST는 트렌드 리더가 되는 것이겠고요. 이번 장에서는 온라인마케팅의 핵심인 네이버 키워드를 다루며 고객의 키워드 트렌드를 파악하는 방법을 알아보려 합니다. 내 콘텐츠에 관심이 있는 핵심 고객들의 관심 분야가 무엇인지, 그래서 그들이 네이버에서 자주 찾는 검색어(키워드)를 알 수 있다면 참 좋겠죠? 그래서 네이버 데이터랩이라는 프로그램을 활용해서 고객들이 주로 검색하는 검색어 트렌드를 분석하고 파악하는 방법을 알려드리겠습니다. 네이버 데이터랩으로 고객 관심 키워드를 뽑아내는 방법을 설명드릴게요.

먼저, 네이버 데이터랩을 검색해서 들어가세요.

접속하면 위에 보는 것과 같이 흰색 바탕에서 5개의 카테고리가 보일 겁니다. 왼쪽부터 순서대로 데이터랩 홈, 검색어트렌드, 쇼핑인사이트, 지역통계, 댓글통계가 있습니다. 데이터랩 홈은 시작 페이지라고 보면 되고, 나머지 4개 메뉴를 활용해서 고객의 검색어 트렌드를 파악할 수 있습니다. 우리는 주로 무형의 서비스를 판매하기 때문에 검색어트렌드에 집중하도록 하겠습니다. 검색어트렌드를 들어가면 주제어1~주제어5를 입력하는 칸이 있고, 주제어마다 하위 주제어를 최대 20개까지 입력할 수 있습니다.

주제어는 고객이 관심을 가질 만한 키워드를 입력해야 하는데, 네이버 데이터랩만 열어두고 키워드를 떠올리기가 쉽지 않을 겁니다. 그래서 네이버 검색창을 하나 더 띄웁니다. 네이버 VIEW 탭을 클릭하고 고객이 검색할 만한 키워드, 예를 들어 '1인 창업'을 검색하면 전체 옆에 다른 검색어들이 나올 겁니다. 그것을 주제어 옆에 최대 20개까지 적는 키워드에 입력하는 겁니다.

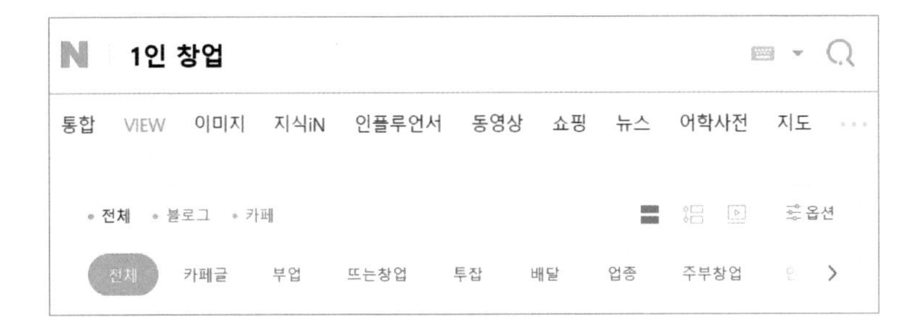

이렇게 주제어1부터 5까지 입력하고, 기간/범위/성별/연령선택을 설정합니다.

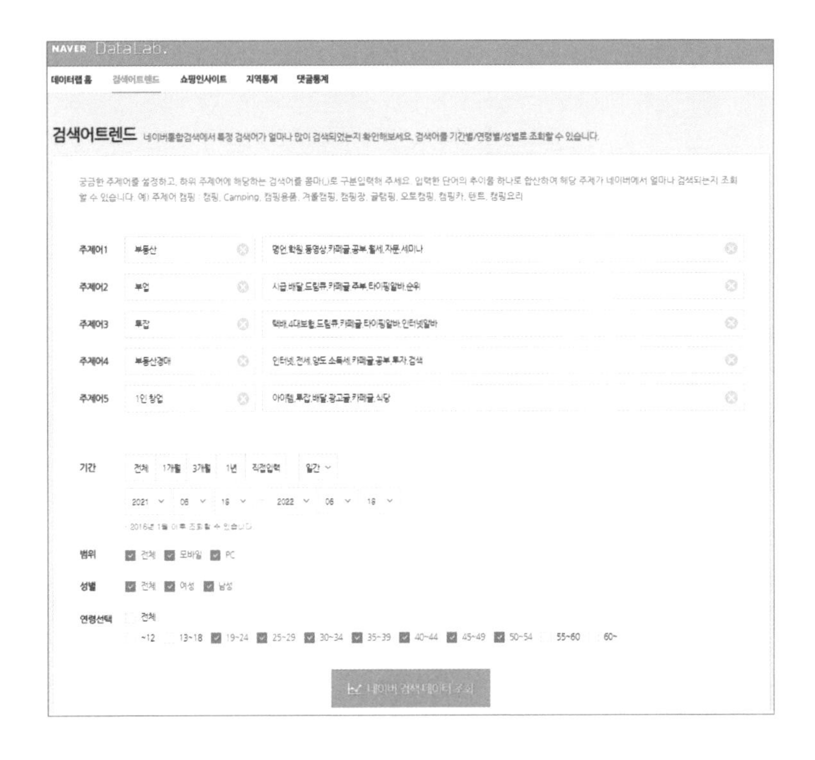

그러면 네이버에서 다음과 같이 검색어트렌드를 그래프와 수치로 통계를 보여줍니다. 전체적으로 투잡 키워드가 검색량이 많았고, 중간에 일시적으로 부동산, 1인 창업 키워드가 검색량이 증가했던 적이 있음을 보여주고 있습니다.

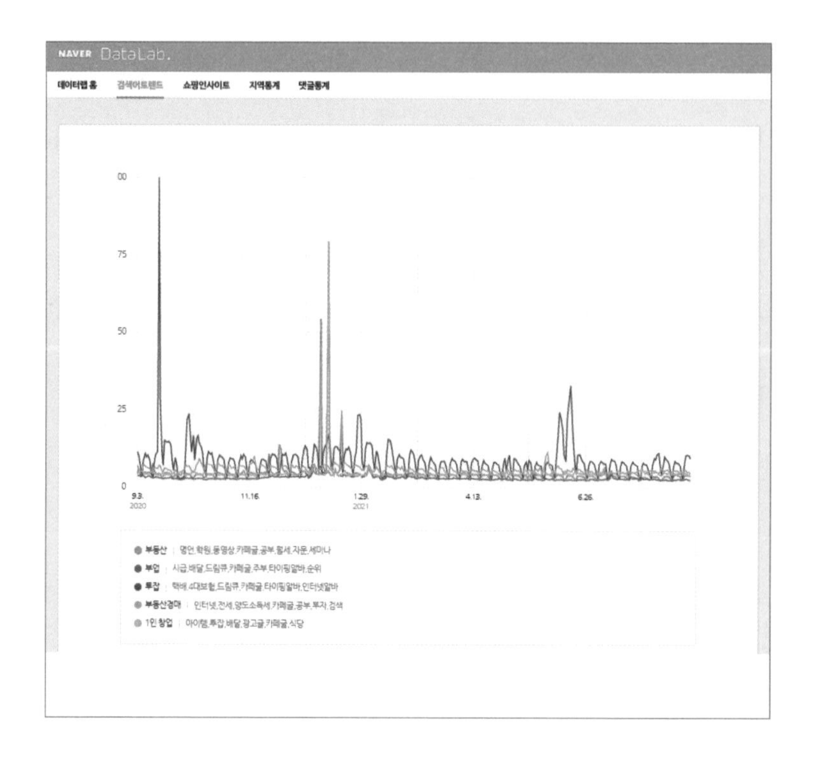

이번 장에서는 네이버 데이터랩으로 고객의 키워드 트렌드 파악하기를 알아봤습니다. 네이버 VIEW 검색으로 고객이 주로 검색하는 키워드와 연관검색어를 파악하고, 이 데이터로 네이버 데이터랩 검색어트렌드을 활용해서 주제어1부터 5까지 입력하고, 기간, 범위, 성별, 연령 조건을 설정해서 통계를 확인하고, 고객의 검색어 트렌드를 분석하고 알아낼 수 있습니다. 추후 여러분의 콘텐츠로 도서(책)를 출간하는 등 유형의 상품을 만든다면 그때는 네이버 쇼핑과 네이버 데이터랩 인사이트를 연동해서 내 상품이 잘 팔리는 상품 카테고리를 분석해서 찾아낼 수 있습니다.

03

네이버 키워드 검색량과 경쟁률 파악하기

이번 장에서는 내 블로그를 검색 1페이지에 올리는 방법을 알아볼게요. 네이버 검색의 핵심은 키워드죠. 내 블로그에 맞는 키워드가 있다는 사실을 아시나요? 이것은 키워드 검색량과 관계가 있는데요. 네이버 블로그를 이용하는 방법과 블랙키위를 활용하는 방법 두 가지가 있습니다. 지금부터 자세히 알아보도록 할게요.

먼저, 네이버 블로그입니다. 블로그에 접속해 내 블로그에서 메인 키워드로 쓸 검색어를 입력하세요. 예를 들어볼게요. '온라인마케팅'을 입력하고 검색 버튼을 누르면 페이지가 새로고침되면서 블로그 글 탭에 330,375건이라고 나오네요. 네이버에서 이용자들이 '온라인마케팅' 키워드를 33만 건 이상 조회했다는 거예요. 조회 수가 높은 만큼 더 많은 예비 고객에게 내 상품이 노출될 확률이 높아요. 조회 수가 높은(수십만 건 이상) 키워드가 광고 효과가 높다고 내 블로그에 그대로 적용하면 안 돼요. 블로그를 검색하면 초록색 동그라미 안에 V 표시 마크가 있는 블로그들이 있어요. 정부나 공공기관 등의 대표 블로그, 인플루언서의 블로그가 이에 해당하는데요. 이처럼 네이버 블로그에서 공식 인증한 블로그는 기업으로 보면 대기업이라 할 수 있어요. 그래서 이들은 검색량이 많은 키워드 시장에 들어가도 경쟁에서 살아남을 수 있어요. 블로그 상위 노출이 잘돼서 광고 효과를 많이 볼 수 있다는 거죠. 하지만 우리와 같은 1인 기업이 인플루언서나 기관 블로그들이 경쟁하는 키워드 시장에서 경쟁하면 살아남기 어렵겠죠. 그럼 우리는 우리가 경쟁할 만한 키워드 시장을 찾아야 해요. 그렇다고 고객이 거의 찾지 않는(1천 건 이하) 키워드 시장으로 들어가면 안 되겠죠. 처음 시작하는 블로그는 검색량이 2천~3천 건 되는 키워드를 선점하는 게 좋아요. 여기서 선점이라는 표현을 썼는데요. 고객들이 키워드를 찾는 수요가 있는 수치이기 때문에 집중적으로 키워드 관리를 해야 해요.

앞서 언급했던 키워드 캘린더를 적극적으로 이용하는 것을 추천합니다. 키워드 캘린더에 일주일 동안 몇 개를 포스팅할지, 포스팅할 날짜마다 표시하세요. 실현 가능한 포스팅 주기를 정하는 게 좋습니다.

처음에 너무 의욕이 넘쳐서 1일 1포스팅을 하면 지쳐서 중간에 멈출 수 있어요. 다음으로 해당 날짜에 사용할 키워드를 적어두고, 키워드 아래에는 키워드 검색량도 기재하세요. 1주일, 2주일, 한 달, 석 달…, 시간 흐름에 따라서 키워드 검색량을 높여주세요. 고객이 키워드를 검색하는 것은 사실상 구매 전 단계라고 볼 수 있습니다. 그래서 키워드 검색량은 고객의 수요라고 이해하면 될 거예요. 키워드 검색량이 많다는 말은 그만큼 해당 키워드를 검색해서 구매 등의 행동을 하려는 고객들의 수요가 높다는 뜻이에요. 그렇기 때문에 네이버에서 고객들이 많이 찾는 검색량이 높은 키워드는 100만 건 이상 되는 것들도 있어요. 쉽게 생각해볼까요? 고객이 100만 명 이상 수요가 있는 시장에서 어떤 기업이 마케팅에 유리할까요? 당연히 마케팅 비용을 많이 투입할 수 있는 대기업이 유리하겠죠. 그래서 1인 기업들은 대기업들이 장악할 만한 키워드 검색량이 높은 시장에 들어가면 경쟁에서 살아남기 어려워요. 1인 기업은 처음에는 2천~3천 건 정도 검색량이 있는(고객 수요가 있는) 키워드를 공략하는 것이 중요합니다. 1인 기업은 대기업들이 들어오지 않지만 고객이 자주 찾는 키워드를 선점하는 거죠. 2주일 – 2천~3천 건, 한 달 – 4천~5천 건, 세 달 – 9천~1만 건 방식으로요.

내가 지은 블로그 글 제목을 클릭하고 화면 맨 위에 이미지를 하나 넣으세요. 사람들은 처음 보는 이미지를 보면 무의식적으로 클릭하는 경우가 많아요. 호기심 때문이죠. 이런 고객의 심리를 이용해서 이미지에 하이퍼링크를 걸고 클릭하면 상담 채널로 들어오도록 하는 거예요. 상담 채널에서는 고객이 구매 결정을 할 수 있도록 하는 또 다른 장치가 있는데, 이건 6장의 랜딩페이지에서 자세히 다룰게요.

다음은 빅데이터를 기반으로 키워드를 분석해주는 플랫폼, 블랙키위를 활용해 내 블로그에 쓸 키워드를 잡는 방법을 알려드릴게요. 기본 서비스는 무료 회원으로 이용할 수 있고, 고급 검색 기능을 사용하려면 유료 멤버십 가입을 하면 됩니다.

블랙키위에 접속해서 내가 포스팅 하고 싶은 단어(키워드)를 검색창에 입력하세요. 검색하면 상단 메뉴에 다섯 가지 메뉴가 나오는데요. 기본 정보, 연관 키워드, 트렌드 분석, 섹션 분석, 성향 분석으로 나와요. 메뉴별로 어떤 정보를 제공하는지 하나씩 살펴볼게요.

'기본 정보'는 키워드가 최초 등장한 날, 키워드 등급, 성인 키워드 여부, 검색 광고 효율(월 1만2천 원 유료 서비스 베이직 플랜부터 사용할 수 있어요), 그리고 월간 검색량(PC, 모바일), 월간 콘텐츠 발행량(블로그, 카페, VIEW), 당월 예상 검색량(내가 검색한 바로 전날까지의 검색량, 해당 월말까지의 검색량), 콘텐츠 포화지수는 키워드에 대한 관련 콘텐츠(블로그, 카페, VIEW)의 포화 정도를 나타내는 지표입니다. 포화지수는 다음과 같은 방법으로 산출해요. '온라인마케팅'이라는 키워드의 월간 검색량이 4,660건, 월간 콘텐츠 발행량(블로그+카페+VIEW)이 15,390건이라고 나오네요. 월간 콘텐츠 발행량(15,390)에 월간 검색량(4,660)을 나누어 월간 검색량에 대한 콘텐츠 발행량의 비율을 구하는 거예요.

15,390 ÷ 4,660 × 100 = 3.3(%)

위 비율을 아래 기준에 대입하여 포화지수를 구해보세요.

50% 이상 → 매우 높음

30% ~ 49.9% → 높음

10% ~ 29.9% → 보통

5% ~ 9.9% → 낮음

5% 미만 → 매우 낮음

온라인마케팅의 포화지수는 3.3%(매우 낮음)이네요. 이를 통해 사람들의 관심에 비해 관련 콘텐츠가 부족하다는 것을 직관적으로 알 수 있어요. 반대로 매우 높음의 경우 관련 콘텐츠가 포화 상태임을 의미합니다.

'연관 키워드'는 당월 검색량과 블로그 누적 발행량, 전차 유사도 등이 있습니다. 우리가 주목할 키워드의 조건은 월간 검색량이 많으면서 누적 발행량이 적은 키워드입니다. 예를 들어, 온라인마케팅 연관검색어에 '온라인 판매'를 보면 월간 검색량 30,152건, 블로그 누적 발행량 1,231건으로 나오는데요. 이것은 무슨 뜻일까요? 고객들이 네이버에서 한 달 동안 온라인 판매를 3만여 건 이상 검색했다는 것이죠. 그런데 이 키워드로 네이버에 포스팅된 콘텐츠(블로그 포함)가 1천여 건 정도라는 거예요. 그만큼 '온라인 판매'라는 키워드로 포스팅한 경쟁자들이 상대적으로 적은 수치라는 것이죠. 그래서 우리는 여기에 착안해서 네이버 블로그로 콘텐츠 포스팅을 할 때, 제목을 '온라인 판매 잘하는 비법 3가지'로 한다면 이 키워드에서 상위 노출을 장기간 할 수 있는 거죠.

다음은 '트렌드 분석'이 나오는데, 이는 내가 사용하고자 하는 키워드가 작년부터 올해까지 월별로 얼마만큼 검색되었는지 한눈에 볼 수 있는 그래프예요. 월별/요일별 검색 비율을 분석하면 몇 월, 무슨 요일에 하면 효율이 높을지 빅데이터로 알 수 있어요.

'섹션 분석'은 PC/모바일 섹션 배치 순서, VIEW 탭 TOP 7을 확인할 수 있고, '성향 분석'은 연령별/성별, 이슈성, 정보성/사업성 그래프가 나옵니다.

지금까지 '네이버 키워드 검색량과 경쟁률 파악하기'였어요. 키워드 검색량을 파악하여 내 블로그에서 다룰 콘텐츠가 노출이 잘 되고, 더 나아가 네이버에 장기간 상위 노출될 수 있는 기반을 만드는 거예요. 이것은 1인 기업에서 수익 자동화를 이루기 위해 꼭 필요한 과정이에요. 내가 이미 선점한 키워드이면서 고객이 자주 검색하는 키워드, 이 두 가지가 맞아떨어지면 고객이 스스로 검색해서 내 블로그에 문의를 남기고 구매까지 이뤄지는 자동화가 이루어지는 첫 단계라고 볼 수 있어요. 그래서 네이버 키워드가 온라인마케팅의 핵심이라고 할 수 있는 것입니다.

★★★

04 네이버 연관검색어로 내 플랫폼(블로그) 상위 노출시키기

이제부터 알려드리는 내용은 플랫폼을 막 만들었거나 만들고자 하는 1인 기업가 여러분이 반드시 알아야 할 것입니다. '블로그라는 플랫폼으로 내 콘텐츠를 알리려면 어디서부터 어떻게 시작해야 할까? 인지도도 없는데?'라는 고민에서 '그냥 블로그 마케팅 업체에 돈을 주고 블로그 관리를 맡길까?'라는 생각은 머릿속에서 지울게요. 광고비가 아깝기도 하고, 무엇보다 이 방법은 단기간에 블로그라는 플랫폼이 외형적으로는 커질 수 있지만 콘텐츠가 부실하고 실속이 없어서 블로그의 품질이 떨어지는 수렁에 빠지게 돼요. 저라면 네이버 검색어와 검색 로직을 철저하게 이용해서 광고비를 들이지 않고 내 콘텐츠를 마케팅할 겁니다. 이해를 돕기 위해 실제로 제가 했던 부동산 경매 수업 사례로 알려드릴게요.

먼저, 앞선 4장까지 과정으로 나온 임팩트 있는 한 문장을 노트에 써보세요. 이 문장에서 네이버 검색어로 고객들이 검색할 만한 단어(키워드)를 적어보고, 단어마다 검색을 다 해보는 겁니다. 이 작업에서 시간이 좀 걸릴 수 있습니다. 제가 부동산 경매 수업에서 쓴 카피(라이팅)는 '부동산 경매 단기 매도로 투자수익률 1000% 노하우'였습니다. 여기서 키워드는 부동산, 부동산 경매, 단기 매도, 투자, 수익률, 1000%, 10배 정도입니다. 큼지막하게 덩어리로 잡아봤는데 키워드 6개가 나오네요. 여기서 나온 6개의 키워드에서 가지를 뻗는 방법으로 검색어를 더 쪼개보는 겁니다. 여러분도 콘텐츠 제목이 고객의 머릿속에 박히도록, 툭 치면 반사적으로 나올 정도로 구체화하세요. 다시 본문으로 돌아와 부동산을 검색하면 네이버 검색창 아래에 연관검색어가 나올 겁니다. 우리는 바로 이 연관검색어 공략에 집중해야 해요.

네이버에는 키워드 검색량(또는 검색 건수)을 수치로 확인할 수 있습니다. 예를 들어, '부동산'이란 키워드는 네이버 검색으로 키워드 검색 건수가 144만 건(PC 235,000건, 모바일 1,210,000건)이 나왔네요.

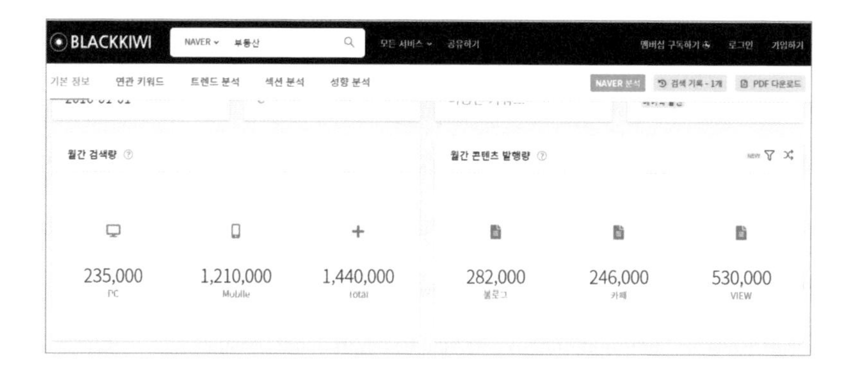

이렇게 생각하면 이해가 쉬울 겁니다. 검색량이 많을수록 그 키워드는 블로그 키워드 경쟁이 치열해서 이미 커버린 인플루언서 블로그나 해커스 부동산 경매학원과 같이 대표 블로그들이 선점하고 있습니다. 우리는 후발 주자이거나 이제 갓 시장에 진입했기 때문에 이러한 키워드 경쟁에 들어가면, 냉정한 말이지만 승산이 거의 없습니다. 그래서 우리는 틈새시장으로 메인 키워드의 가지인 연관검색어로 내 블로그 키워드를 잡는 것입니다. 이러한 키워드들은 검색량이 2천~5천 건 안팎을 보이는데요. 이러한 키워드들을 잘 모아서 블로그 키워드와 콘텐츠(글)를 만들 때 사용하는 겁니다. 내가 만들고 싶은 콘텐츠가 아니라 철저하게 고객(네이버 검색하는 사람)이 많이 검색하는 키워드로 공략해야 해요. 그래야 여러분의 블로그가 네이버 검색페이지 상단에 노출돼서, 문의 전화가 쇄도하고 모객 정원이 초과할 겁니다. 이제 막 시작한 블로그라도 연관검색어를 활용해서 키워드 전략을 잘 짜면 충분히 내 콘텐츠를 알릴 수 있습니다.

정리하자면 첫째, 네이버에서 메인 키워드를 검색하고 녹색 창 아래에 나오는 연관검색어를 긁어모읍니다. 둘째, 모은 연관검색어(초기 블로그라는 전제로) 검색량 2천~5천 건들을 하나씩 네이버 데이터랩에 검색량을 조회하는 겁니다. 연관검색어 중에서도 최근(3개월 이내) 사람들이 더 많이 검색하는 키워드가 있거든요. 데이터를 근거로 키워드를 선택해요. 셋째, 키워드를 포함시켜 블로그 글 제목을 지어요. 여기서 하나 더 고려할 것은 바로 '카피라이팅'입니다! 내 고객이 글 제목을 보고 반드시 클릭할 수 있게 매력적인 제목으로 지어야 해요. 여기까지 하면 블로그 글 제목 짓기가 끝나고요. 다음 단계는 본문 구성입니다.

본문은 글(콘텐츠)의 목적에 따라 콘텐츠를 결제하도록 하는 랜딩페이지로 구성하느냐 혹은 우선 고객들이 내 블로그에 들어오도록 하기 위한 키워드 중심으로 구성하느냐, 이렇게 2가지 방법이 있습니다.

첫 번째, 랜딩페이지는 본문 속에 네이버 연관검색어가 들어가지만 키워드 비중보다 실제로 콘텐츠 구매를 결정하도록 유도하는 카피라이팅과 마케팅 심리 기법을 많이 사용합니다. 이 부분은 6장 랜딩페이지(상세페이지) 챕터에서 자세하게 다루도록 할게요.

두 번째, 우선 내 블로그에 결제 고객이 될 만한 방문객들을 불러모을 수 있게 연관검색어로 키워드 선점 작업을 하는 겁니다. 부동산 경매 콘텐츠를 예시로, 네이버에서 부동산 콘텐츠를 검색하면 연관검색어로 '부동산 강사', '경매 콘텐츠', '부동산 투자 콘텐츠'가 나와요. 네이버가 친절하게 분석해서 알려준 이 연관검색어(3개)로 우리는 블로그 상위 노출을 하는 겁니다. 사례를 통해 이어서 설명하겠습니다.

1) 부동산 강사

부동산 강사 검색량은 95,938건(21.09.04 기준)이 나오죠. 블로그가 이제 시작 단계라면, 검색량이 너무 높은 키워드를 사용하면 블로그 상위 노출(1~2페이지)이 되지 않아요. 그래서 부동산 강사에 카피라이팅 방법을 접목해서 '부동산 강사 제대로 고르는 방법 3가지' 등으로 설정하는 겁니다. 우선, 부동산 강사라는 연관검색어가 포함되어 있기 때문에 네이버에서 검색 상위에 노출될 확률이 높죠. 그렇다고 부동산 강사에서 끝나는 것이 아니라 뒤에 '제대로 고르는 방법 3가지'를 붙여서 95,938건의 키워드 경쟁을 피했죠. 그리고 글 제목에서 '제대로 고르는 방법 3가지'라는 말로 고객이 이 글의 내용을 궁금해하고 상상하게 만들어서 '3가지가 뭘까? 어떤 거지?'라는 마음에 제목을 클릭하고, 내 블로그로 들어오게 하는 거죠.

2) 경매 콘텐츠

경매 콘텐츠 검색량은 102,394건(21.09.04 기준)이네요. 역시 검색량이 많아요. 우리는 초기 블로그라 가정하고, 이렇게 글 제목을 잡아보는 겁니다. '부동산 경매 콘텐츠 추천 꿀팁 (대)공개!' 추천, 꿀팁, (대)공개 등은 고객을 후킹hooking(마케팅 용어로 고객을 끌어들인다는 뜻이에요)할 수 있는 키워드입니다. 네이버가 친절하게 연관검색어로 찾아준 경매 콘텐츠에, 고객이 내가 올린 블로그 글 제목을 클릭할 수 있게 우리는 카피라이팅을 활용해서 살짝 미끼를 던지는 겁니다. 우리는 마케팅을 해서 1명이라도 더 내 콘텐츠를 알려야 하니까 후킹을 부정적으로 볼 필요는 없습니다.

3) 부동산 투자 콘텐츠

부동산 투자 콘텐츠 검색량은 56,107건(21.09.04 기준)으로 꽤 높은 검색량이죠. 앞선 1), 2)에서 배운 것들을 생각하면서 같이 한번 해볼까요? 검색어 경쟁률이 높은 부동산 투자 콘텐츠를 피하면서 고객이 관심을 가질 만한 키워드를 접목해보는 겁니다. 저는 '부린이를 위한 부동산 투자 콘텐츠 리얼 후기'로 정해봤습니다. 부동산을 공부하는 사람들이 늘어나면서 '부린이(부동산+어린이; 부동산이라는 분야에 대해서 어린이처럼 잘 모르는 사람을 뜻하는 신조어)'라는 단어와 리얼 후기라는 B급 인터넷 언론사에서 사용하는 키워드를 조합해서 제목을 뽑았습니다다. 고객이 이 제목을 보고 어떤 생각을 하게 될까요? '나처럼 부동산 초보가 이 콘텐츠를 들었단 말이지. 그런데 리얼(진짜) 후기라고? 좋은 점, 나쁜 점을 리얼하게 적었겠지? 속지 않도록 이 블로그에 들어가서 콘텐츠 후기들을 확인하고 결정해야지'라고 생각할 겁니다.

지금까지 네이버 연관검색어로 내 플랫폼(블로그) 상위 노출시키는 방법에 대해서 알아보았습니다. 정리하면, 내 블로그가 이제 막 시작 단계라는 전제하에 네이버 검색어 경쟁이 치열한 키워드를 네이버가 분석해서 알려주는 연관검색어로 글 제목의 얼개를 잡아요. 그다음에 고객이 내 글 제목을 보고 블로그로 들어올 수 있도록 카피라이팅 방법을 활용해서 글 제목에 살을 붙여서 네이버 검색어 상위 노출을 할 수 있고, 고객을 후킹할 수 있어 내 콘텐츠가 고객의 눈을 사로잡을 수 있습니다.

★★★

05 고객의 마음을 사로잡는 핫 키워드 찾는 방법 (feat. 핫 키워드 확산하는 꿀팁)

지금까지 네이버 블로그와 데이터랩, 블랙키위로 핵심 키워드, 연관 키워드를 추출하고 활용하는 방법을 알아봤습니다. 5장의 마지막 장에서는 고객의 마음을 사로잡는 핫 키워드를 찾는 방법을 소개할게요. 중요한 것은 키워드 트렌드가 계속 바뀐다는 것입니다. 그래서 키워드 빅데이터 사이트를 활용해 트렌드를 계속 모니터링하고 메모해야 합니다. 키워드 빅데이터를 제공하는 사이트들이 많이 있는데요. 각자가 특장점이 있어서 어느 것 하나가 좋다고 할 수는 없으므로 상황에 맞게 선택해서 쓰면 됩니다. 핫한 키워드를 모아서 알려주는 것은 단편적이고, 내 비즈니스 주제와 맞지 않으면 키워드로 쓰기 어렵죠. 자칫하면 핫한 키워드 1위를 썼다가 방문자들에게 어그로(키워드와 관련 내용이 없는데 제목으로 관심을 끄는 경우)를 끌었다고 욕 댓글을 받을 수도 있어요.

우리는 핫한 키워드를 찾아내는 것에 그치면 안 돼요. 어떻게 하면 내 비즈니스 키워드와 연결할 수 있을지를 연구하고 실행해야 해요. 앞서 내 비즈니스 테마와 관계없는 키워드를 사용하면 어그로를 끄는 것으로 역효과가 난다고 했죠. 고객이 내 글 제목에 관심을 갖고 클릭해서 들어왔는데, 본문 내용에서 내가 기대하는 정보가 하나도 없으면 실망하고 다시는 그 사람의 플랫폼에 들어오지 않을 거예요. 그래서 글 제목에서 고객에게 주는 기대감을 본문에 들어왔을 때도 충족시켜줘야 해요.

예를 들어볼게요. 판다랭크(pandarank.net)라는 스마트스토어, 이커머스 셀러 무료 키워드 분석 툴이 있어요. 여기서 온라인마케팅을 키워드로 검색해볼게요. 검색 결과를 보면 맨 위에 실시간 상위 랭킹 상품이 이미지와 함께 보일 거예요. 다음은 키워드 월 검색량, 상품량, 키워드 경쟁률, 실제 경쟁 상품 수로 키워드 관련 정보가 나와요. 그다음은 가격, 시장규모, 홍보, 메뉴와 본문 순위가 나와요. 우리가 주목할 것은 맨 아래에 나오는 '모든 연관 키워드'예요.

모든 연관키워드

[광고] 네이버 광고연관 [검색] 네이버 검색연관 [인기] 카테고리 인기검색어 [상품] 판매상품 제목키워드

키워드	출처	카테고리	검색량	상품량	경쟁률	쇼핑전환
대한민국	상품	축구의류	329,400	262,259	0.79	0
인플루언서	광고	헤어밴드	92,500	66,556	0.71	0.06
책	상품	독서대	78,300	5,490,179	70.11	2
마케팅	광고 상품	기타 콘텐츠	54,400	191,602	3.52	0.09
함정	상품	도서	15,140	40,303	2.66	0
멘탈	상품	마술도구	14,420	24,108	1.67	0
이커머스	광고	롤화장지	13,810	71,221	5.15	0.04
온라인	상품	게임타이틀	13,180	3,695,989	280.42	0.02
브랜딩	광고	기타	12,400	27,085	2.18	1.19

모든 연관 키워드 아래에는 광고, 검색, 인기, 상품 이렇게 4개의 카테고리가 나옵니다. 고객들이 온라인마케팅으로 검색할 때 나오는 연관 키워드인데요. 연관 키워드라고만 알면 이것을 언제 어떻게 활용해야 하는지 알기 어렵잖아요. 그런데 키워드 옆에 카테고리가 나와 있어 활용처를 판단할 수 있어요.

온라인마케팅으로 핫한 키워드는 카테고리에서 [검색]으로 표시되어 있습니다. '온라인마케팅 교육', '온라인마케팅 종류', '온라인마케팅이란' 3개가 보이네요. 검색량, 상품량, 경쟁률, 쇼핑전환 수치를 주의 깊게 보세요. 여러분이라면 온라인마케팅 관련 핫 키워드 3개 중

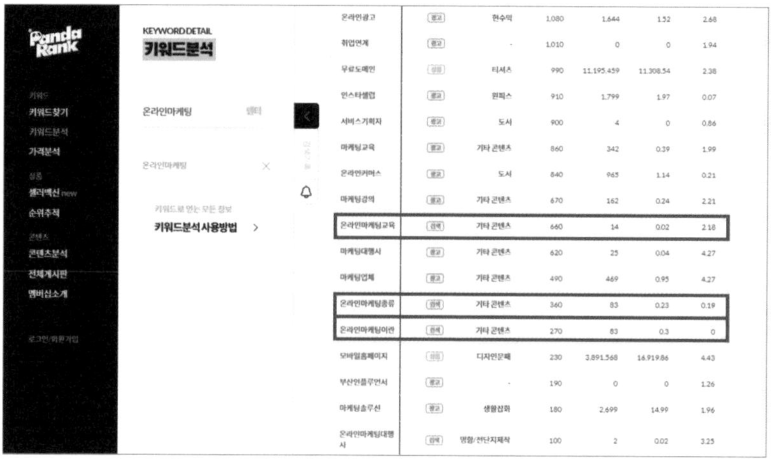

Panda Rank
키워드
키워드찾기
키워드분석
가격분석
상품
셀러백신 new
순위추적
콘텐츠
콘텐츠분석
전체게시판
멤버십소개
로그인/회원가입

KEYWORD DETAIL
키워드분석

온라인마케팅

온라인마케팅

키워드로 얻는 모든 정보
키워드분석 사용방법 >

온라인광고	광고	현수막	1,080	1,644	1.52	2.68
취업연계	광고	-	1,010	0	0	1.94
무료도메인	상품	티셔츠	990	11,195,459	11,308.54	2.38
인스타셀럽	광고	원피스	910	1,799	1.97	0.07
서비스기획자	광고	도서	900	4	0	0.86
마케팅교육	광고	기타 콘텐츠	860	342	0.39	1.99
온라인커머스	광고	도서	840	965	1.14	0.21
마케팅강의	광고	기타 콘텐츠	670	162	0.24	2.21
온라인마케팅교육	[illegible]	기타 콘텐츠	660	14	0.02	2.18
마케팅대행사	광고	기타 콘텐츠	620	25	0.04	4.27
마케팅업체	광고	기타 콘텐츠	490	469	0.95	4.27
온라인마케팅종류	[illegible]	기타 콘텐츠	360	83	0.23	0.19
온라인마케팅이란	[illegible]	기타 콘텐츠	270	83	0.3	0
모바일홈페이지	상품	디자인문패	230	3,891,568	16,919.86	4.43
부산인플루언서	광고	-	190	0	0	1.26
마케팅솔루션	광고	생활잡화	180	2,699	14.99	1.96
온라인마케팅대행사	[illegible]	명함/전단지제작	100	2	0.02	3.25

에 어떤 것을 선택하시겠어요? 저라면 내 콘텐츠를 고객에게 파는 것이 목적이기 때문에 쇼핑전환 수치를 제일 비중 있게 볼 거예요. 그래서 온라인마케팅 교육이라는 키워드를 핫 키워드로 사용할 거예요. 광고 카테고리에 있는 '온라인 광고대행'이나 '네이버 광고대행'도 쇼핑전환 수치가 높은 편이죠. 고객들은 업체 광고인 줄 알지만 검색해보고 서비스 비교(후기 확인 등)를 해서 구매를 많이 하는 것으로 볼 수 있어요.

이렇게 빅데이터 플랫폼을 활용해서 핫 키워드를 찾아냈다면 가장 중요한 건 바로 내가 찾아낸 핫 키워드를 검색하고 내 서비스를 구매할 고객들을 찾아내는 것이죠. 블랙키위에서 영향력 순위 카테고리를 들어가면 네이버에서 영향력이 높은 사이트 1위부터 50위까지 데

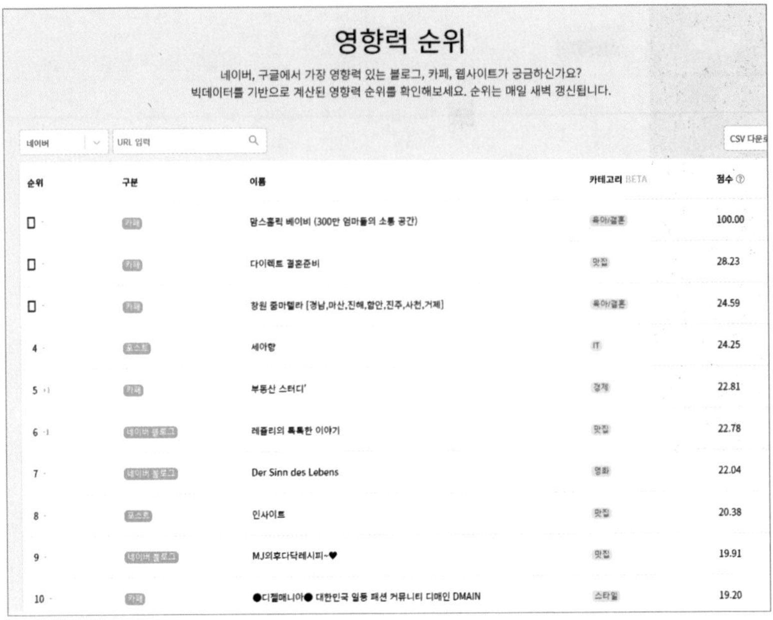

영향력 순위

네이버, 구글에서 가장 영향력 있는 블로그, 카페, 웹사이트가 궁금하신가요?
빅데이터를 기반으로 계산된 영향력 순위를 확인해보세요. 순위는 매일 새벽 갱신됩니다.

네이버 | URL 입력 | CSV 다운로

순위	구분	이름	카테고리 BETA	점수
□ -	카페	맘스홀릭 베이비 (300만 엄마들의 소통 공간)	육아/결혼	100.00
□ -	카페	다이렉트 결혼준비	맛집	28.23
□ -	카페	창원 줌마렐라 [경남,마산,진해,함안,진주,사천,거제]	육아/결혼	24.59
4 -	포스트	세아향	IT	24.25
5 +1	카페	부동산 스터디'	경제	22.81
6 -1	네이버 블로그	레즐리의 톡톡한 이야기	맛집	22.78
7 -	네이버 블로그	Der Sinn des Lebens	영화	22.04
8 -	포스트	인사이트	맛집	20.38
9 -	네이버 블로그	MJ의후다닥레시피~♥	맛집	19.91
10 -	카페	●디젤매니아● 대한민국 일등 패션 커뮤니티 디매인 DMAIN	스타일	19.20

이터가 나와요. 순위는 매일 새벽 업데이트되니까 참고하세요. '온라인마케팅 교육'이라는 인기 키워드를 영향력이 높은 사이트(커뮤니티)에 올려서 내 서비스를 살 만한 고객들이 내 글을 많이 읽도록 하는 겁니다. 카피를 읽는 것에 그치지 않고, 구매까지 일어나도록 유도하는 것이죠.

영향력 순위 1위부터 50위에서 내 콘텐츠와 핫 키워드를 노출했을 때, 고객이 반응하고 구매 전환 확률이 높은 카페를 골라보세요. 카페를 고르는 이유는 내가 만든 콘텐츠 카피를 올리기 좋고, 올렸을 때 회원들(앞으로 고객이 될)이 댓글로 반응을 남겨줘서 여론을 만들어 낼 수 있기 때문이에요. 16위 짠돌이부자스쿨, 17위 아프니까사장이다, 47위 월급쟁이부자들 카페를 들 수 있어요. 위 카페들은 '온라인마케팅 교육' 핫 키워드를 노출했을 때 쇼핑(구매)전환까지 이어질 확률이 높아요. 위의 카페들은 온라인마케팅 교육에 반응하는 고객들이 모여 있는 커뮤니티거든요. '아프니까사장이다'는 사업을 하는 사장들이 모인 곳이기 때문에 온라인마케팅 교육에 아주 관심이 많을 거예요. '짠돌이부자스쿨'이나 '월급쟁이부자들' 카페는 재테크 교육을 받고 싶은 회원들이 모여 있는 곳이라 온라인마케팅 교육에 반응하고 구매까지 할 고객들이 많을 거예요. '월급쟁이부자들' 카페는 실제로 온라인으로 부동산 교육을 하고 있어요. 그래서 여기에 온라인마케팅 교육 관련 글을 올려도 회원들이 거부감을 느끼지 않을 거예요.

지금까지 고객의 마음을 사로잡는 핫 키워드 찾는 방법을 알아봤어요. 더불어 핫 키워드를 확산하는 꿀팁을 소개해드렸습니다. 핫 키워드를 발굴하고 확산하는 목적은 결국 내 콘텐츠 서비스를 고객이 구매하도록 하는 것이죠. 그래서 찾아낸 핫 키워드를 검색하고 클릭할 만한 고객들이 있는 사이트를 추출하고요. 그곳에 집중적으로 내 콘텐츠, 서비스를 고객들에게 인지시키세요. 그리고 내 플랫폼으로 고객들을 많이 유입시켜서 구매까지 하도록 만드는 거예요.

다음 6장에서는 비즈니스 랜딩페이지에 대해서 집중적으로 다뤄볼게요.

5장 Point!

온라인마케팅의 핵심, 네이버 키워드

1. 일주일 단위로 키워드 달력을 만들어 규칙적으로 포스팅하는 습관을 만들어보세요.
2. 네이버 데이터랩, 블랙키위와 같은 키워드 분석 사이트를 활용해서 내 플랫폼 상황에 맞는 키워드를 발굴하세요(연관 키워드, 검색트렌드, 섹션/성향 분석 등).
3. 고객이 자주 검색하는 키워드이면서 내가 이미 선점한 키워드가 되도록 분석 사이트를 전략적으로 활용해보세요.

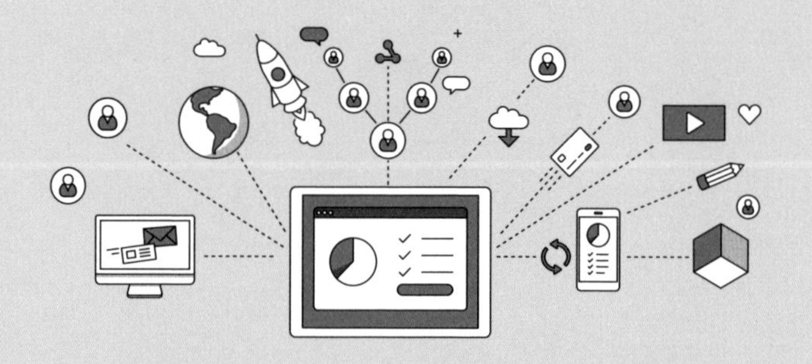

Part 6

5단계 : 랜딩시킨다

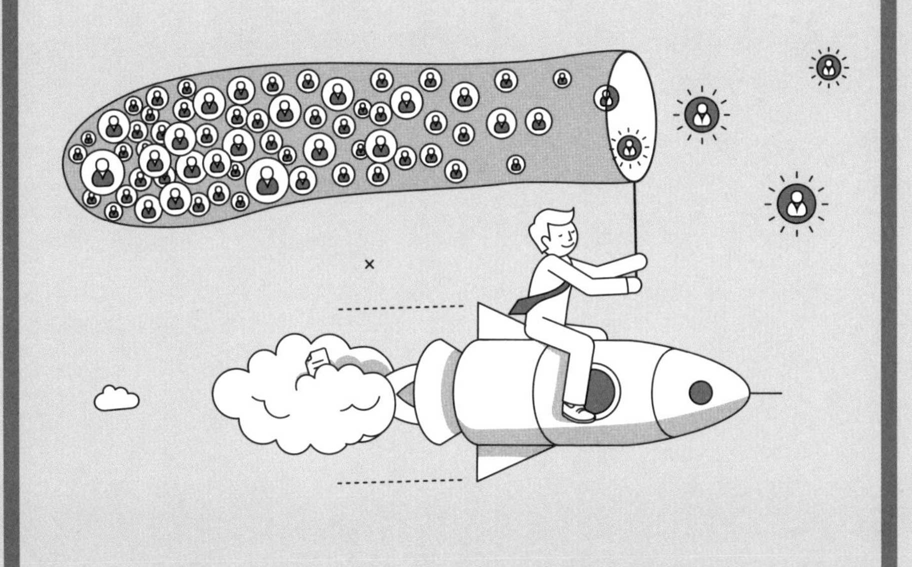

★★★

01 온라인마케팅의의 정수(精髓), 비즈니스 랜딩페이지

이번 장은 이 책에서 가장 중요하게 다룰 부분입니다. 고객이 내 콘텐츠와 서비스를 구매할지, 특강을 들을지를 랜딩페이지에서 결정하기 때문입니다. 비즈니스 랜딩페이지란 무엇일까요? 오프라인으로 예를 들어볼게요. 여러분이 올○브영 점장이라고 해봐요. 마케팅을 잘해서 손님이 내 매장에 들어왔어요. 손님은 가게에 진열된 화장품들을 보면서 탐색을 하다가 맘에 드는 상품 앞에서 발을 멈추고 유심히 살펴보죠. 그러다가 어떤 손님은 '그래, 이거 사야지' 하면서 카운터로 가고요. 다른 손님은 '아닌 것 같아' 하고 밖으로 나가죠. 여기서 매장은 손님이 상품을 보면서 머무는 공간이에요. 그리고 온라인에서는 이것을 '랜딩페이지'라고 해요. 랜드(land, 착륙하다)의 의미대로 온라인 내 매장에서 머무는 거죠. 즉, 랜딩페이지에서 고객이 내 제품을 살지, 말지 결정돼요. 그래서 앞에서 내 콘텐츠 브랜딩을 잘하고 고객들을 내 플랫폼으로 많이 데려왔어도 랜딩페이지에서 구매 전환이 일어나지 않으면 아무 소용이 없어요.

랜딩페이지 퀄리티는 사업 수익과 직결되기 때문에 잘 만들어야 해요. 랜딩페이지를 잘 만들면 5가지 장점이 있어요.

1) 구매 전환율이 높아져 수익이 극대화된다

온라인 모객을 하는 목적은 수익 극대화입니다. 내 상품을 구매할 수 있는 고객들을 많이 모아 내 상품을 구매하도록 하는 1:N(판매자:구매자) 구조를 만드는 거죠. 특히, 콘텐츠는 무형이기 때문에 1개를 만들어도 N명의 고객에게 상품을 팔 수 있어요. '월급쟁이부자들' 카페의 콘텐츠 공지를 보면 강의 콘텐츠 관련 수강신청 댓글이 수십~수백 개가 달린 것을 볼 수 있어요. 특히, '특강' 콘텐츠 경우는 1~2만 원의 참가비를 받는데요. 본 콘텐츠 수강 전에 벌써 특강 수익으로 10,000원 × N명을 얻을 수 있어요. 당연히 특강 이후에는 본 콘텐츠 구매 고객(수강생)이 생길 것이고, 콘텐츠 단가는 특강료보다 훨씬 높은 금액일 거예요. 그래서 제대로 만든 랜딩페이지는 고객들의 구매 전환율을 높여 내 사업의 수익을 극대화할 수 있어요.

2) 비즈니스 자동화가 이뤄진다

'인지(브랜딩)', '유입(인콜 채널)', '전환'의 온라인 모객 과정 중에서 랜딩페이지는 '전환'에 해당해요. 잘 만든 랜딩페이지는 고객의 구매 전환율이 높은 페이지예요. 전환율이 3% 이상 나오면 랜딩페이지의 퀄리티가 높은 것으로 봅니다. 랜딩페이지는 한 번 만들어두면 온라인에서 24시간 365일 띄워 놓을 수 있어서 주말에도 고객이 내 콘텐츠를 구매하고, 결제하게 돼요. 한 번 세팅이 되면 이후에는 노동력이 거의 들어가지 않는(페이지 내용 업데이트 정도의 관리가 들어가요) 시스템이 만들어지는 것이죠.

3) 랜딩페이지를 잘 만드는 것 자체가 또 다른 비즈니스가 될 수 있다

랜딩페이지에서 고객 구매 결정이 이루어지기 때문에 온라인 비즈니스에서 랜딩페이지 제작은 아주 중요한 비중을 차지하죠. 대표들은 어떻게 하면 구매 전환율을 높일까(수익을 더 높일까)를 늘 고민하고 연구해요. 그러다가 이 고민을 본인이 해결하기 어렵다고 판단하면 외주를 주는 방법을 선택합니다. 바로 랜딩페이지 제작 대행업체를 활용하는 거죠. 1건당 얼마의 금액을 받고 기업 혹은 개인의 랜딩페이지를 제작해주는 업체들이 있어요. 저도 경진대회 외에 중고책 창업 교육과 부동산 경매 콘텐츠에 대한 온라인 모객을 했는데, 두 가지 모두 랜딩페이지를 만들어서 했습니다. 수강생이 콘텐츠 결제를 하면 중개수수료 형태로 1명당 얼마(30만 원)를 수익으로 가져갔어요. 내가 직접 콘텐츠를 열지 않고도 랜딩페이지 만들어 운영하는 것만으로도 수익을 낸 거죠. 랜딩페이지를 제대로 만들 수 있는 능력을 갖추면 이처럼 다양한 종류의 콘텐츠(서비스)에서 중개수수료처럼 수익을 창출할 수 있어요.

4) 랜딩페이지는 무자본으로 만들 수 있다

이 장의 시작에서 올○브영 매장을 예로 들었어요. 오프라인에서는 고객이 내 제품에 관심을 갖고 구매하게 하려면 매대를 제작하고 설치해야 하죠. 매대를 잘 만들수록 고객의 눈길이 매대로 향하고 구매 확률이 높아지겠죠. 그렇지만 매대를 잘 만들려면 비용이 더 들어가겠죠. 디자인도 예쁘게 해야 하고, 매장 안에 제품 광고 영상을 상영하는 방법도 있고, 고객에게 상품 특징을 설명하고 구매를 유도하는 직원의 인건비도 발생할 거예요. 1원이 아까운 1인 기업가에게는 이런 마케팅 비용을 쓰는 게 큰 부담일 거예요. 온라인에서의 랜딩페이지는 올○브영의 매대와 같아요. 그렇지만 랜딩페이지는 매대와 다르게 비용이 1원도 발생하지 않죠.

1. 인건비 : 발생하지 않음

- 직원 없이 1인 대표가 온라인마케팅을 하므로 직원을 고용할 필요가

없죠.

2. 제작비 : 발생하지 않음

- 랜딩페이지는 미리캔버스, 네이버 블로그&카페, 콘텐츠/모임 플랫폼 등을 활용해서 무료로 만들 수 있어요. 1인 대표가 소스를 모으고 디자인 작업까지 하죠. 완성품을 랜딩페이지에 직접 업로드하기 때문에 제작비가 들지 않아요.
- 하지만 만약 크몽 등에서 SNS 콘텐츠 제작을 전문 업체에 외주를 맡긴다면 제작비가 발생하겠죠. 결과물에서 높은 퀄리티를 원할수록 제작비는 더 상승하죠.

3. 공공요금(저작권료, 전기료 등) : 발생하지 않음

- 오프라인 매장에서는 고객의 눈에 잘 띄게 하려고 다양한 장치를 사용해요. 매장에 음악 켜놓기, 네온사인으로 제품명 돋보이게 조명 연출하기 등등. 여기에는 음악 저작권료, 조명 전기료 등 비용이 발생하죠. 하지만 온라인에서 랜딩페이지는 이런 부대비용들이 없어요. 자기 것으로 콘텐츠를 만드니까 저작권료가 없는 것이죠. 그리고 랜딩페이지 안에 강조하고 싶은 부분은 형광색을 입히는 등 포인트를 주어 편집할 수도 있어요.

지금까지 온라인마케팅의 정수, 비즈니스 랜딩페이지의 특징에 관해 이야기 나누었어요. 다음 장에서는 랜딩페이지 기획 방법에 대해 자세히 알아볼게요.

02 비즈니스 랜딩페이지 기획하기

여러분, 여기까지 오시느라 고생 많았습니다. 이제 끝이 보여요. 이렇게 끝이 보인다고 하고 제일 중요한 장을 알려드리면 배운 효과가 극대화되더라고요. 이제 온라인 모객에서 제일 중요한 랜딩페이지(상세페이지) 기획을 다루려고 합니다. 여러분들의 경험을 떠올려보세요. 회사에서 무슨 사업을 하겠다고 하면 위에서 무엇부터 하라고 하나요? 무엇부터 만들라고 하던가요? 아마도 기획서, 기획안을 만들라고 할 겁니다. 글을 포함한 모든 콘텐츠는 제작순서가 선 기획, 후 제작으로 이뤄지죠. 그리고 회사에서 높은 직책을 가졌거나 더 많은 월급을 받는 자리가 바로 기획 파트죠. 그만큼 기획은 머리가 아프고 눈에 보이는 결과물을 만들어 내기가 어려워요. 크몽 등에서 다른 판매자들이 서비스 랜딩페이지를 어떻게 구성했는지 한눈에 구조를 볼 수 있는 시야를 키워야 해요. 랜딩페이지 기획은 바로 여기에서부터 시작하는 거예요.

온라인 모객 기획이 어려운 이유는 무엇일까요?

그것은 바로 기획의 콘셉트를 한 줄 문장으로 명확하게 표현하지 못하는 경우가 90% 이상이기 때문입니다. 콘셉트를 명확하게 잡으려면 내 콘텐츠 특장점을 한 문장으로 표현할 수 있어야 해요. 부동산 경매 콘텐츠를 예시로 쉽게 알려드릴게요.

'내가 부동산 경매 강사고, 이제 나의 콘텐츠를 고객에게 제공하고 팔아야 해. 그렇다면 내 콘텐츠는 다른 경매와 다르게 어떤 점이 매력적(강점)일까? 보통의 부동산 콘텐츠는 월세로 수익을 내는 법을 말하지. 그러나 월세 수익은 매월 일정 금액이 임대료 수익으로 들어오지만 한 건당 월 금액이 100만 원 내외로 고수익이 될 확률이 낮아. 내 콘텐츠는 부동산 경매 단기 매도로 단기간(1~2년)에 월세보다 10배 이상 높은 투자 수익을 내는 법을 담고 있어.'

이렇게 내 콘텐츠, 내 서비스의 매력 포인트와 강점을 콘셉트로 잡고, 이를 잘 드러낼 수 있는 한 문장을 뽑아봅니다. '부동산 경매로 1000% 투자 수익 얻는 노하우' 이렇게 한 문장을 뽑은 뒤에는 여기에 반응할 고객 대상을 쪼개보는 겁니다. ① 부동산 월세로 돈 벌려는 사람 ② 경매를 아예 모르는 경매 초보 ③ 경매가 어렵다고 생각하는 겁보 등 문구를 딱딱하게 적을 필요 없이 생각나는 대로 적어봅니다. 말랑말랑한, 고객이 재미를 느낄 수 있는, 전에 없던 참신한 표현들이 나올수록 좋아요. 그래야 고객이 내 콘텐츠의 상세페이지를 끝까지 보고 마지막에 구매 결정을 하거든요. 혹은 강력한 어필로 이러이러한 사람들은 내 콘텐츠를 수강하지 말라고 도발조로 적는 방법도 괜찮아요. 보는 고객은 머릿속에 '이 사람은 왜 이렇게 당당하지? 콘텐츠 좀 들어달라고 할 줄 알았는데, 경매로 월세 받을 생각이면 아예 콘텐츠를 수강하지 말라고? 그럼 도대체 단기 매도로 10배 수익을 어떻게 내는 거지?' 이런 생각이 들 겁니다. 이렇게까지 고객의 머릿속을 장악했으면 상세페이지 전략 성공입니다.

위의 방법으로 핵심 고객 설정이 완료되면 이제는 내 콘텐츠를 어디에 올려서 팔 것인지 플랫폼을 선택해야 해요. 플랫폼은 2가지 분류로 나눠서 전략을 짜야 합니다.

1) 나의 플랫폼이 있는 경우

2) 나의 플랫폼이 없는 경우

저는 여러분들이 콘텐츠를 평생 활용해서 수익을 극대화하기를 원해요. 그래서 자신의 플랫폼을 만들기를 권합니다. 지금은 제로베이스, 그러니까 시작 단계라 내 플랫폼이 없다는 가정으로 말하고 있습니다. 내 것이 아직 없으면 이미 사람들에게 잘 알려졌고, 신뢰도가 높은 플랫폼에 침투해서 온라인 모객을 하는 겁니다. 플랫폼 종류는 다양하며 이벤터스, 온오프믹스, 페스타처럼 인지도 높은 모임 플랫폼에 내 콘텐츠를 노출시키는 겁니다.

와디즈나 크몽, 클래스101과 같은 교육 플랫폼도 이용할 수 있습니다만, 교육 특화 플랫폼은 3가지 단점이 있다는 게 함정입니다. 첫째, 시작하려는 강사들 기준으로 봤을 때 자신의 교육 콘텐츠 등록을 승인받는 데 절차가 까다로운 편이고 시간도 오래 걸립니다. 둘째, 어렵게 해서 교육 콘텐츠를 등록했는데 수강료 일부를 수수료로 플랫폼 업체에 지불해야 합니다. 셋째, 콘텐츠 이용료가 다른 경쟁사에도 모두 공개돼 콘텐츠나 서비스 퀄리티가 높아도 가격 단가를 낮춰야 하는 상황이 빈번합니다.

크몽을 예로 들면, 교육 콘텐츠 관련 학력이나 자격증과 같은 자신의 경력 등을 증빙할 수 있는 서류를 요구합니다. 크몽에서 요구하는 서류를 제출하지 못하거나 크몽 심사 기준에 맞지 않으면 교육을 등록할 수 없습니다. 까다로운 절차를 거쳐 콘텐츠 등록을 하고도 결제 대금을 정산할 때는 크몽이 수수료 명목으로 20% 이상을 가져가요.

해준 것은 내가 열심히 밤새워 만든 콘텐츠 상세페이지를 자기네 플랫폼에 띄워준 것밖에 없는데 말이죠. 그래서 내가 수강료를 조금 높게 책정하면 얼마 이상으로 올리지 못하게 제재를 겁니다. 여기에 더해 내 콘텐츠와 비슷한 주제에 있는 다른 강사의 콘텐츠와 같이 경쟁해야 하는 불리함이 있습니다. 시장에 이제 갓 진입했는데 말이죠.

그래서 저는 아직 내 플랫폼이 없고 이제 막 시작하려는 여러분들에게 내 플랫폼을 만들어 키우면서 타이탄의 어깨에 올라타는 방법을 알려드리려고 합니다. 모임 플랫폼을 인콜 채널로 해서 내 플랫폼에 고객을 유입시키는 겁니다. 이렇게 말하면 이해가 잘 안 될 수 있으니 예를 들어서 설명할게요. 모임 플랫폼 중에 이벤터스는 콘텐츠 개설이 무료고요, 유료 콘텐츠로 진행할 경우 이벤터스를 이용하지 않고 내 계좌로 입금하게 할 수 있습니다. 해시태그 설정으로 내 콘텐츠를 검색 결과에서 상위 노출시킬 수 있으며, 당연히 고객이 유료 결제를 해도 이벤터스에서 가져가는 수수료는 없습니다. 다만, 온전히 100% 이벤터스만 가지고 온라인 모객을 하면 내 플랫폼이 크지 못하니까 이벤터스 상세페이지 안에 내 콘텐츠, 서비스 소개와 함께 내 플랫폼을 링크 걸어 고객이 방문해서 회원가입을 하게 하는 겁니다. 이게 바로 거인의 어깨에 올라타기 전략입니다.

플랫폼으로 하는 또 하나의 방법은 방문자 수가 일 300명 이상 되는 네이버 카페(내 콘텐츠와 주제가 비슷한 커뮤니티)에 침투하여 회원활동을 하면서 내 콘텐츠를 홍보하는 방법입니다. 홍보 카테고리에서 직접 홍보할 수 있으니 내 콘텐츠를 더 많은 사람에게 노출해서 알릴 수 있겠죠.

플랫폼까지 선택이 됐다면 마지막 단계는 내 고객이 검색할 만한 키워드를 네이버 데이터랩으로 알아내고, 이 키워드들을 내 콘텐츠의 제목으로 사용해서 검색 상위 노출을 노리는 거죠. 키워드는 콘텐츠 제목에, 상세페이지 본문 속에, 마지막 해시태그까지 처음과 끝에 모두 사용한다고 보면 됩니다. 랜딩페이지에서 가장 중요한 포인트는 내가 팔려는 서비스가 무엇인지 고객들로 하여금 관심을 갖게 하는 광고 카피를 만드는 것이에요. 고객의 관심은 키워드 검색량으로 확인하고, 키워드 검색량과 콘텐츠 발행량을 조회해서 검색량은 많은데 발행량이 적은 키워드들을 모은 다음, 키워드를 조합한 하나의 문장으로 랜딩페이지를 고객이 클릭하도록 제목을 짓는 것, 잊지 않으셨죠?

★★★

03 비즈니스 랜딩페이지 실제로 만들어보기

1인 기업가의 콘텐츠 퀄리티가 아무리 좋아도 고객이 모이지 않고 콘텐츠 결제를 하지 않는다면 의미가 없겠죠? 우리는 콘텐츠로 월 1천만 원 이상 벌어야 하니까요. 앞 장에서 상세페이지 기획을 마쳤으니 이번 장에서는 실제로 상세페이지를 어떻게 만드는지 하나하나 알려드릴게요. 상세페이지는 시작부터 끝까지 고객의 심리를 꿰뚫어 보고, 내가 유도하는 방향으로 이끄는 고도의 심리전입니다. 상세페이지를 만드는 부분마다 심리적 기제가 녹아들어 가는데요. 사람들의 심리 흐름은 다음과 같았습니다.

오호, 재밌겠는데? → 한번 알아볼까?

들어왔다. 내 문제를 해결할 수 있어? → 증명해 봐!

나와 비슷한 다른 사람도 있네. → 믿을 수 있겠네.

알아보러 가자. → 나한테 이런 이득이 있겠네.

결제 그리고 재구매

이제부터 위에 적은 순서대로 하나씩, 하나씩, 어떻게? 이쯤 되면 무슨 말을 할지 아시겠죠? 바로 '파고들기'입니다.

1) 오호, 재밌겠는데 & 한번 알아볼까? → 매력적인 제목으로 관심 끌기

'관심 종자'란 말을 들어보셨나요? 내 콘텐츠가 온라인 공간에서 눈에 띄게 하려면 콘텐츠 제목에 올인하듯이 신경을 써야 해요. 그렇지 않으면 고객은 내가 올린 글을 클릭하지 않고 다른 곳으로 가버리거든요. 앞에서 제가 부동산 경매 콘텐츠 제목을 어떻게 뽑았나요? '부동산 경매 투자 수익률 1000% 노하우 공개' 사람들이 내 콘텐츠를 수강해서 얻을 수 있는 이익을 눈에 보이는 것(예: 정량적인 수치)을 한 문장으로 표현하는 게 포인트입니다. 다른 콘텐츠에도 얼마든지 적용해서 쓸 수 있습니다.

다른 예시를 들어서 해볼까요? 크몽에 이런 콘텐츠가 있네요. '스마트스토어 3개월 만에 매출 1억 달성 노하우' 앞의 제목과 공통적인 포인트가 보이시나요? 제목에서 고객이 이 콘텐츠를 수강하면 스마트스토어를 개설해서 3개월 안에 매출 1억을 만들 수 있다고 강하게 후킹하고 있죠. 스마트스토어로 돈을 벌고 싶은 고객들에게 구체적으로 얻을 이득을 수치, '1억'으로 표현해서요. 더군다나 1억씩이나! 누구라도 혹해서 한 번이라도 클릭하고 알아보려고 하겠죠? 여기서 주의할 점, 한 가지! 글 제목이 낚시(어그로)로 끝나지 않도록 본문 내용에서 사실을 입증해야 해요.

고객이 상세페이지에 들어오게 되면 먼저 본문 맨 위에 시선이 고정되어 있겠죠. 이것을 필드에서는 헤드카피(첫 줄)라고 하는데요. 헤드카피를 어떻게 쓰느냐에 따라 고객이 내 콘텐츠 설명을 스크롤할지 아니면 뒤로 가기를 누를지가 결정되는 아주 중요한 위치입니다. 따라서 헤드카피는 우리가 고객에게 관심(어그로)을 끌게 한 호기심의 약 30~50% 정도의 궁금증을 해소해준다는 개념으로 만들어야 고객이 상세페이지의 본문으로 빠져들 수 있습니다. 여기서 포인트 하나! 여러분들은 헤드카피를 언제 써야 한다고 생각하시나요? 대부분은 첫 줄이니까 제일 먼저 써야 한다고 생각하는데요. 그건 절대 아닙니다. 헤드카피는 내 콘텐츠의 상세페이지 전체를 관통하는 내용을 한 문장으로 압축시킨 것이기 때문에 책의 프롤로그Prologue처럼 상세페이지 전체를 작성한 다음 맨 마지막에 써야 합니다. 예를 들어,

내가 주식 콘텐츠를 팔기 위해 상세페이지를 만들고 있는데 쓰다보니 주식과 겸해서 비트코인으로 매월 500만 원의 수익을 내는 것을 함께 전하고자 한다면, 이 글 전체를 관통하는 한 줄 문장(헤드카피)은 어떻게 쓸 수 있을까요? 저는 이렇게 써봤습니다. '당신이 이 콘텐츠를 수강하면 3년 안에 경제적 자유를 이룰 수 있습니다.'

2) 들어왔다. 내 문제를 해결할 수 있어? & 증명해 봐!

여러분, 상상해보세요. 콘텐츠 제목으로 관심을 끌게 해서 들어온 고객입니다. 이제부터 이들의 머릿속에는 어떤 생각이 들까요? '진짜로 부동산 경매로 투자해서 수익률 1000%(10배)를 만들 수 있어? 이게 진짜인지 아직 못 믿겠어. 내가 믿을 수 있게 증명해 봐.' 고객은 온라인 공간이기 때문에 더욱 의심하는 것이고, 그래서 강사가 신뢰할 수 있는 사람이라는 것을 보여줘야 해요. 이것을 마케팅 용어로 '브랜딩'이라고 합니다. 루트는 두 가지 경로로 나뉠 수 있는데, 공식적인 방법인 본인의 책(저서), 언론 보도, 수상 경력, 사회경험(창업 또는 직장생활) 등과 비공식적인 방법인 자신의 블로그 등을 통해 기록을 남기고, 다른 사람들이 댓글이나 후기를 남기는 것 등이 있습니다. 예를 들어, 부동산 10배 경매 강사인 이분은 경제 방송에도 출연했고, 경매 저서도 출간했고, 언론 기고도 있는 경우라 이러한 자료들로 브랜딩을 했습니다. 공식적인 루트로만 해도 고객이 충분히 신뢰하겠다는 판단을 해서 검색으로 나오는 후기 등의 자료는 포함시키지 않았습니다.

3) 나와 비슷한 다른 사람도 있네 & 믿을 수 있겠네

이제 강사에 대한 신뢰가 만들어졌으니, 고객의 다음 심리는 어떤 상태일까요? 제가 계속 고객의 '심리 상태'를 강조하는 이유는 상세 페이지가 고객의 심리 흐름에 맞게 만들어져야 하기 때문입니다. 그래야 최종적으로 고객은 구매 결정을 할 것이니까요. 이제 고객은 내가 이 콘텐츠를 구매하기 전에 자기보다 앞서서 이 콘텐츠를 구매한 사람들의 경험담(후기라고 하죠)을 알고 싶어 할 겁니다. 왜냐하면 이 콘텐츠가 진짜 자신에게 도움이 되는지, 실제 콘텐츠에 대한 만족도는 어떠한지 직접 확인할 수 있는 데이터거든요. 그래서 우리는 이 지점에서 나의 콘텐츠를 구매한 사람들의 후기를 작성해요. 후기를 단순히 나열 배치하는 것이 아니라 서로 다른 유형의 후기를 올리는 거죠. 가령, 부동산 경매 콘텐츠를 수강한 A, B, C 세 사람이 있다고 하면 A는 내 집 마련을 원하는 30대 신혼부부, 부동산 수익으로 경제적 자유를 목표로 하는 40대 직장인 B, 은퇴 후 재테크를 계획하고 있는 50대 C의 수강 후기를 배치하는 겁니다. 고객은 A, B, C의 후기를 보다가 본인과 유사한 사람의 사례를 눈여겨보면서 '이 콘텐츠를 들으면 이런 것들을 얻을 수 있구나'를 알게 되는 거죠. 이렇게 해서 고객은 내 콘텐츠에 대해 신뢰를 하게 되는 단계가 됩니다.

4) 알아보러 가자 & 나한테 이런 이득이 있겠네

여기까지 왔다면 고객은 내가 만든 상세페이지를 끝까지 읽을 겁니다. 이 지점에서 내 콘텐츠 소개(제품에 비유하면 제품 기능 설명에 해당해요)를 하는 거죠. 커리큘럼, 대상 고객, 콘텐츠 일정, 이용료(선택사항) 등을 소개하는 겁니다. 상세페이지 헤드카피부터 여기까지 부분을 통해 고객과 신뢰를 형성했기 때문에 이제 고객은 마지막으로 직접 눈으로 확인하기 위해 오프라인 특강을 신청하려고 할 겁니다. 이것은 온라인에서 내가 검증했던 내용을 강사를 직접 만나 눈으로 직접 확인하는 단계이고요. 따라서 온라인에서 언급했던 것들이 오프라인과 동일하고 사실이라면, 고객은 이런 심리 상태를 가질 겁니다. '아! 내가 이 콘텐츠를 수강하면 진짜 이러이러한 것들을 분명히 얻을 수 있겠구나. 이 콘텐츠를 수강해야겠다!' 이렇게 되면 고객은 마지막 단계인 구매 결정(결제)을 하게 되는 겁니다.

5) 결제 그리고 재구매

온라인으로 모객한 고객이 내 콘텐츠를 수강하고 결제한 것에 그치지 않고, 그 고객을 단골 또는 충성 고객으로 만드는 게 중요합니다. 왜냐하면 이것이 나의 콘텐츠를 재구매할 수 있도록 하는 기회가 되거든요. 강사는 단골(충성 고객)의 후기를 활용해 콘텐츠 상세페이지를 보강해서 강사와 콘텐츠 브랜딩을 높일 수 있고요. 충성 고객 숫자가 쌓이면 온오프라인 정모 등을 통해 내 콘텐츠에 대한 신뢰도를 더욱 높일 수 있습니다.

지금까지 랜딩페이지를 제작하는 방법을 자세히 다뤄봤습니다. 비즈니스 랜딩페이지를 자기 스스로 기획하고 만들 수 있다는 것은 기본적으로 글쓰기 실력이 있다는 증거입니다. 그리고 랜딩페이지를 잘 만들면 온라인마케팅에서 고객들이 가장 신경을 많이 쓰는 판매자에 대한 신뢰도에서 충분히 신뢰를 얻는 사례가 많습니다. 랜딩페이지만을 전문적으로 만드는 업체가 있을 정도로, 내가 전문가로 포지셔닝할 수 있는 시장이 될 수 있다는 것도 기억해두세요.

04 랜딩페이지 실전 사례① : 내 플랫폼에서 직접 모객

이번 챕터에서는 앞에서 배운 기획과 제작을 바탕으로 만든 랜딩페이지로 실제 모객을 하는 사례를 다뤄보겠습니다. 두 가지 방법이 있는데요. 하나는 내 플랫폼을 만들어 직접 모객하는 방법이고, 다른 하나는 기존에 있는 모임 플랫폼을 채널로 활용해서 모객하는 방법입니다.

먼저, 내 플랫폼으로 직접 모객하는 사례입니다. 저는 '1인 기업 온라인마케팅 연구소(줄여서 온마연)' 블로그를 만들었어요. 온마연 블로그로 '온라인 모객' 수강생을 모집하고, 콘텐츠를 할 거예요. 그래서 블로그 운영자 이름에서도 내가 전문가라는 것을 고객들에게 인식시켜줘야 해요. 저는 1인 기업 온라인마케팅 '연구소장'이라고 지었어요. 운영자 프로필도 온라인 모객 전문가임을 나타내도록 이렇게 적었어요. '1인 기업에 맞는 온라인마케팅으로 구매 전환까지! 1인 강사, 프리랜서 대표님들의 모객 고민, 온마연만의 온라인 모객 노하우로 해결해드립니다.'

내 블로그를 방문한 고객이 나를 전문가로 생각하도록 이미지에도 신경을 많이 써야 해요. 저는 미리캔버스라는 디자인 툴로 블로그 대문 이미지를 다음과 같이 만들었어요. 연구소라고 네이밍해서 '1인 기업 온라인마케팅'을 전문적으로 다루는 곳으로 브랜딩한 것이죠.

다음으로 블로그의 카테고리를 설정해야 하는데요. 블로그로 수강생을 모객할 것이기 때문에 '콘텐츠 공지+수강신청' 메뉴를 만들어요. 콘텐츠 자료도 올릴 수 있도록 아래에 챕터별로 나눠서 카테고리를 생성해요. 온라인 모객을 위한 내 블로그의 기본적인 세팅이 끝났어요.

이제부터 내 플랫폼에서 랜딩페이지를 만들어서 모객하는 과정을 알려드릴게요. 블로그 글쓰기를 선택하세요. 다음으로 콘텐츠 공지를 클릭하고 앞서 배운 랜딩페이지의 뼈대를 만드세요. 처음-중간-끝에 어떤 키워드를 넣을지 적으세요. 그리고 단계마다 고객이 어떻게 행동하게 할지 행동 양식을 적으세요. 이게 아주 중요해요. 예를 들어볼게요.

- 처음 : 고객의 심리를 자극해 랜딩페이지 끝까지 보게 하기
- 중간 : 고객은 나에 대한 의심이 많다. 그래서 고객이 나를 믿도록 만들자. 그러려면 내가 쓴 글이 사실임을 입증할 자료를 제시하자.
- 끝 : 여기까지 온 고객이라면 내 콘텐츠를 구매할 확률이 50% 이상이다. 고객이 내 콘텐츠를 수강하고 달라질 수 있다는 확신을 심어주자.

랜딩페이지의 전체적인 구조가 만들어졌습니다. 이제 속을 알차게 만들어야 해요. 네이버 블로그의 다섯 가지 기능을 활용하면 랜딩페이지를 고객의 눈에 더 잘 들어오도록 시각화시킬 수 있고, 내 블로그의 랜딩페이지 콘텐츠를 검색 상위에 노출시킬 수 있어요. 다섯 가지 기능으로 블로그 랜딩페이지를 업그레이드해 볼게요.

1) 그룹 사진 기능

여러 사진을 하나로 묶어 콜라주나 슬라이드 형태로 배치해보세요.

랜딩페이지에서 중간 단계에서 인증 이미지들을 첨부해서 고객에게 보여줘야 하는데요. 내가 그동안 모은 포트폴리오들을 콜라주 방식으로 이미지를 배치하는 거예요.

이미지1	이미지2	이미지3
이미지4	이미지5	이미지6
이미지7	이미지8	이미지9

이렇게 하면 좋은 점이 무엇일까요? 첫째, 나의 포트폴리오가 풍성하다는 것을 시각적으로 보여줄 수 있어요. 둘째, 미술관에서 그림 작품들을 보는 것과 같은 느낌이 들어 고객이 내 포트폴리오에 대해 호감을 갖게 되죠. 위에서 아래로 나열하는 방식보다 정리정돈에 훨씬 신경을 썼다고 고객이 느끼게 되는 거예요. 셋째, 사용 후기를 콜라주하면 이 콘텐츠를 이용한 고객들의 긍정적인 반응이 많다고 생각돼요.

2) 편리해진 사진/글감 검색

모임 플랫폼이나 네이버 카페에서 랜딩페이지를 만들려면 글을 쓰는 창을 띄워 놓고, 거기에 들어갈 이미지나 글감들을 검색하기 위해 또 다른 창을 열어야 했어요. 저도 Alt+Tab을 무한대로 누르면서 검색과 복사 붙여넣기를 했던 적이 있어요. 그런데 네이버 블로그에서는 다른 창을 열지 않아도 돼요. 블로그 글쓰기에는 오른쪽 패널 창에서 사진과 글감을 바로 검색해서 랜딩페이지에 삽입할 수 있게 되어 있어요. 이렇게 하면 랜딩페이지를 검색하고 글 쓰는 시간이 줄어들어요. 랜딩페이지 제작하는 데 효율이 아주 높아지죠.

3) 동영상 정보

더 많은 사용자가 내 글과 동영상을 조회할 수 있어요.

블로그만이 가진 또 하나의 장점이 동영상을 삽입하여 랜딩페이지가 검색 노출에 더 잘 되도록 할 수 있다는 거예요. 중고책방 블로그를 운영할 때 알아낸 노하우입니다. 스마트폰으로 촬영한 동영상을 업로드하고 여기에 정보를 입력할 수 있어요. 정보에는 해시태그를 붙이는 것도 있는데요. 앞서 말한 것처럼 고객들이 해시태그로 검색을 많이 하기 때문에 동영상 정보에도 꼭 해시태그를 입력해주세요.

4) 간편해진 태그 입력

글 작성 중에 '#태그명'을 입력하면 태그가 자동으로 추가돼요.

블로그만이 가진 장점 중에 이 기능이 가장 괜찮다고 생각하는데요. 바로 해시태그 자동 추가 기능이에요. 블로그 랜딩페이지 안에 해시태그(#온라인 모객)를 입력하면 발행 메뉴에서 자동으로 해시태그가 추가되는 거죠. 블로그 본문을 쓰는 것에 너무 몰입하다가 해시태그를 넣지 않고 발행 버튼을 누른 경험이 있으실 건데요. 그렇게 되면 공들여 쓴 블로그 글이 노출이 잘 안될 수 있어요. 그래서 이 기능을 활용하면 우리는 블로그 랜딩페이지에 보다 더 집중할 수 있어요.

5) 똑똑해진 링크 첨부

페이스북, 트위터, 유튜브 콘텐츠를 내 글에 첨부할 수 있어요.

또 다른 장점은 다른 채널에 있는 콘텐츠를 블로그 랜딩페이지에 넣을 수 있다는 거예요. 여러분들이 유튜브와 같은 채널들을 함께 운영하고 있다면 유용한 기능이에요. 랜딩페이지 안에서 글이나 이미지 영상들을 작성하고 배치할 필요가 없거든요. 링크로 연결하면 채널에 올린 콘텐츠를 섬네일 이미지로 바로 삽입이 돼요. 고객은 무의식적으로 링크된 콘텐츠를 클릭해서 볼 확률이 아주 높고요. 그러면 고객은 블로그에 올린 글과 증거자료를 더욱 신뢰하게 되는 거죠.

플랫폼 비즈니스로 수익을 내고 이것을 자동화시키려면 결국에는 내 플랫폼이 있어야 하고, 여기에서 직접 고객을 모으고 관리해야 해요. 내 플랫폼으로 모객을 해야 내가 팔려는 콘텐츠와 나의 기업(플랫폼이 될 수도 있고요)을 브랜딩할 수 있어요. 브랜딩은 하루아침에 되는 것이 아니기에 고객이 '나'를 알고 신뢰하려면 내 플랫폼이 있어야 하는 것은 당연하겠죠.

05 랜딩페이지 실전 사례② : 모임 플랫폼에서 모객하기

앞 장에서 네이버 블로그만이 가진 장점 다섯 가지를 알아보며 랜딩페이지를 좀 더 시각화하고 검색 상위 노출이 될 수 있도록 했어요. 마지막으로 모임 플랫폼으로 어떻게 모객하는지 알려드릴게요. 모임 플랫폼으로 모객하면 좋은 점이 세 가지가 있어요.

1) 내 플랫폼을 알리기 쉽다

이제 막 사업을 시작한 1인 기업가들은 인지도가 거의 없는 상태입니다. 네이버 광고 등을 이용해 자신을 제대로 알리려고 하면 마케팅 비용이 너무 많이 발생하죠. 모임 플랫폼을 활용하면 마케팅 비용을 하나도 들이지 않고도 '나'를 알릴 수 있어요. 저는 모임 플랫폼 '이벤터스'를 이용합니다. 블로그는 네이버 검색에서 상위에 노출(1~2페이지)된 콘텐츠만 고객이 내 플랫폼을 볼 수 있지만, 모임 플랫폼은 키워드 검색량과 관계없이 내 플랫폼의 콘텐츠를 노출해줍니다. 여기 제가 모객하고 있는 '온마연 1기' 콘텐츠를 볼까요? 고객이 '부업'이라는 키워드로 검색할 것으로 예상하고 해시태그에 '부업'을 설정했어요. 부업을 키워드로 한 행사가 4건이 나오죠. 조회 수는 87건으로 나오고요. 이처럼 모임 플랫폼은 내 블로그(플랫폼)를 네이버

보다 노출하기가 쉬워요. 그래서 이제 막 자기 사업을 시작하는 1인 기업가들이 알리기 좋죠.

2) 고객 DB 관리가 편리하다

여러분들은 비즈니스에서 고객의 데이터를 수집하고 관리하는 것이 매우 중요하다는 것을 알고 계실 거예요. 대기업에서는 고객관리 부서가 따로 있을 정도로 말이죠. 우리는 1인 기업가이기 때문에 대기업처럼 많은 돈과 인력을 투입해서 고객관리를 하기는 거의 불가능하죠. 모임 플랫폼을 이용한 온라인 모객의 가장 큰 장점은 고객을 모으는 과정에서 고객 DB 수집과 관리가 자동으로 이뤄진다는 거예요. 다음 장의 예시를 볼까요. 제가 모객하고 있는 '온마연 1기' 참가자(고객) DB 메뉴예요. 모집 마감 기간이 화면 중앙에 보이고요. 현재 9명이 신청했다고 고객 인원 표시가 나오죠. 왼쪽 참가자 카테고리에서 참가자 리스트를 클릭하면 다음과 같이 고객 휴대폰, 이메일 등 정보를 한눈에 볼 수 있게 표로 정리되어 있죠.

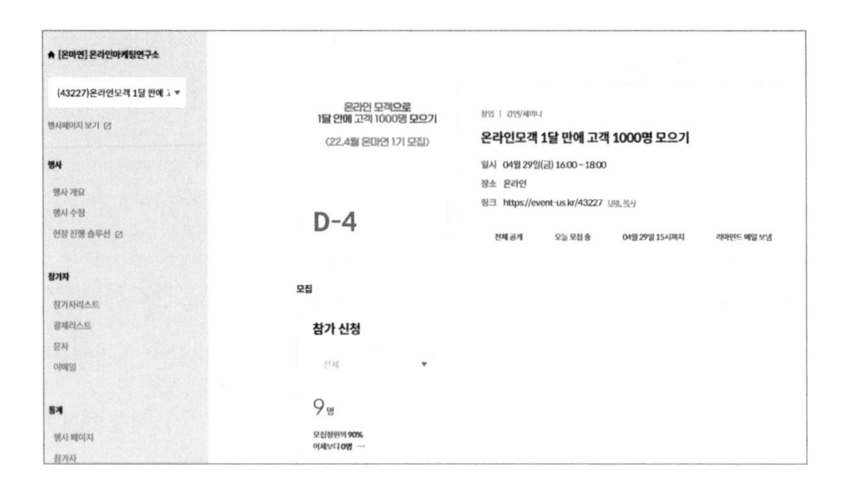
[온마연] 온라인마케팅연구소
(43227)온라인모객 1달 만에
행사페이지 보기
행사
행사 개요
행사 수정
현장 진행 솔루션
참가자
참가자리스트
결제리스트
문자
이메일
통계
행사 페이지
참가자
온라인 모객으로
1달 만에 고객 1000명 모으기
(22.4월 온마연 1기 모집)
D-4
창업 | 강연/세미나
온라인모객 1달 만에 고객 1000명 모으기
일시 04월 29일(금) 16:00 ~ 18:00
장소 온라인
링크 https://event-us.kr/43227 URL 복사
전체 공개
오늘 모집 중
04월 29일 15시까지
리마인드 메일 보냄
모집
참가 신청
전체
9명
모집정원의 90%
어제보다 0명 —

참가자리스트
전체
그룹정보
전체
검색어를 입력하세요
9명
부가기능
데이터 관리
현장등록
이름/이메일/연락처
상세정보
신청 그룹 정보
결제내역
상태
오프라인출석
온라인출석
김세나
2022.04.23
ak***@naver.co
m
010****8793
온마연 1기
1개
무료
참가확정자
상태변경
그룹
출석
전체
출석
미출석
무료

참가자 카테고리에서 '문자' 메뉴를 클릭하면 다음과 같은 화면이 나오고, 왼쪽에 내가 입력하고 싶은 텍스트를 입력할 수 있어요. 문자 안에 회원가입을 유도할 수 있도록 회원가입 신청 링크를 넣어서 신청한 고객들에게 문자 발송을 할 수 있어요. 이벤터스 발송 리스트에서 참가자 리스트를 클릭하면 현재까지 신청한 모든 고객의 휴대폰 번호가 지정되고 문자 전송하기를 할 수 있어요.

문자

문자 보내기 전송내역

내용입력 (이모티콘은 자동 제거 됩니다) 내용 예시

https://event-us.kr/g/#{수신}

행사 URL 삽입 바로접속 URL 삽입

접속코드 삽입 초기화

발신번호

등록된 발신번호 1개 ▼ 발신번호 등록

발송리스트

선택된 연락처 0명 참가자리스트

보유문자량

0건 충전하기

0 명 에게 문자가 전송됩니다. 전송하기

이메일로도 고객들에게 정보를 보낼 수 있는데요. 아래의 그림처럼 메일 본문을 작성하고, 지금까지 신청한 고객들의 이메일을 선택해서 바로 메일을 보낼 수 있어요.

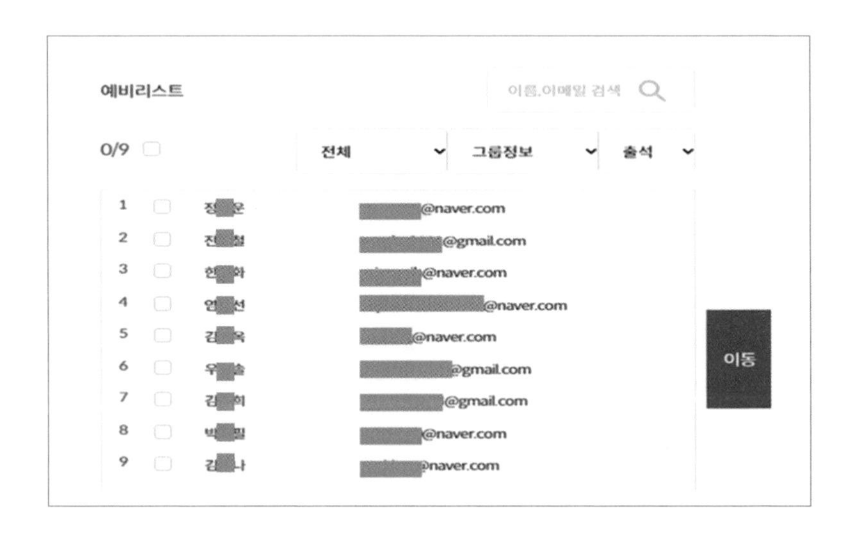

3) 나만의 채널로 고객을 데려와 내 팬을 모을 수 있다

1)을 통해 고객들이 내 플랫폼을 인지하고, 2)에서 고객이 내 플랫폼으로 유입된 것을 확인했어요. 이제 우리는 이들을 확실한 내 고객으로 만들기 위한 액션이 필요해요. 즉 나의 콘텐츠에 대해 신뢰하고, 나를 '전문가'로 완전히 인식할 수 있도록 하는 방법이 필요한데요. 그것은 바로 모임 플랫폼에서 모은 고객들을 나만의 채널로 모으는 거예요. 저는 카카오톡 오픈채팅방으로 고객들을 모았어요. '온마연

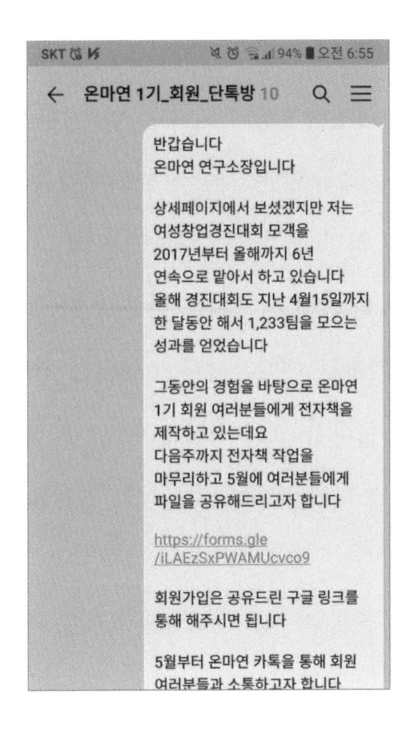

1기'라는 이름으로요. 그리고 거기서 저는 당연히 운영자(방장)로서 지위를 갖게 되어 내가 원하는 방식으로, 내가 원하는 일정으로 고객들에게 정보를 제공하는 거예요. 오픈채팅방에 온라인 모객과 연관이 있는 정보성 콘텐츠를 주기적으로 공유해주는 것이죠.

이렇게 모임 플랫폼에서 모은 고객을 자연스럽게 오픈채팅방으로 고객을 차곡차곡 모으면 1천 명 이상의 고객이 모이는 방이 될 거예요. 그리고 이 모임은 '나'를 전문가로 생각하는 팬들이 모여 있는 커뮤니티기 때문에 또 다른 비즈니스를 이들에게 제공할 수 있어요. 왜냐하면 내 팬이기 때문이에요.

랜딩페이지는 온라인마케팅의 인지-유입-전환의 모든 과정을 담은 콘텐츠이기 때문에 수많은 케이스 스터디가 필요해요. 처음부터 완벽하게 만들려고 하면 페이지를 완성하는 데 너무 많은 시간이 소요되기 때문에 1시간 이내로 초안을 만든 후에 살을 붙이고 다듬는 보완으로 완벽에 가까운 랜딩페이지를 만드는 것이 중요해요. 이제 마지막 7장에서는 온라인 모객 스킬을 한 단계 업그레이드할 수 있는 '네이버 블로그 통계'에 대해 알아보도록 할게요.

6장 Point!

랜딩페이지는 고객의 심리와 반응을 예측해서 만들기

1. 랜딩페이지는 내 플랫폼(블로그 등)이 있거나 혹은 없는 경우(이벤터스 등 모임 플랫폼) 두 가지 방식으로 사용할 수 있어요.

2. 관심 유도(궁금증) → 고객이 가진 문제를 해결(입증) → 고객과 비슷한 고민을 가진 다른 사람의 후기 제시(확신) → 이 상품 구매해야지(구매 전환) → 다시 사야지(재구매)

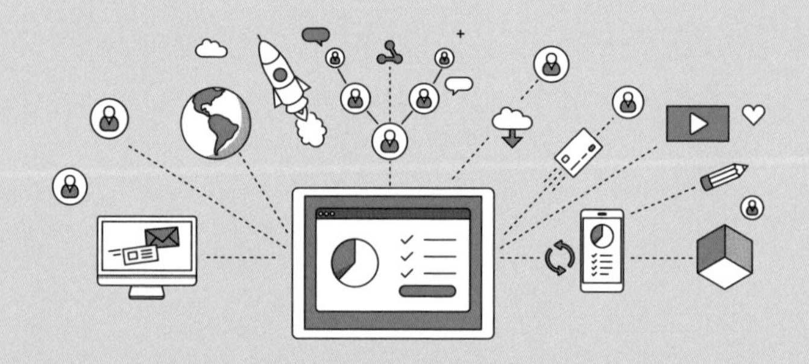

Part 7

6단계 :
피드백한다

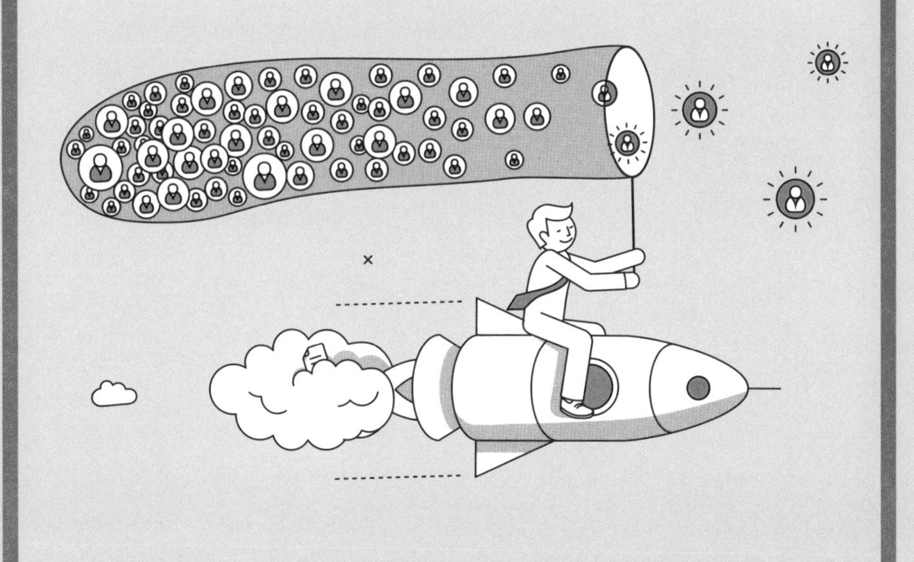

01 네이버 블로그 통계로 내 블로그 유입률 높이기

이제 '온라인 모객의 기술' 마지막 장이에요. 앞 장까지는 온라인에서 고객을 제대로 모으는 노하우를 배웠어요. 이번 장에서는 네이버 블로그 통계 기능을 알아보고, 어떻게 하면 유입률을 높일 수 있는지를 다뤄볼게요.

내 블로그에 접속하면 화면 맨 위에 내 메뉴 탭이 보여요. 내 메뉴를 클릭하면 [통계]라는 메뉴가 보이는데, 이것을 클릭하면 다음과 같이 일간 현황으로 화면이 보여요. 네이버 블로그에서는 내가 날짜 지정을 하지 않으면 당일 일간 현황을 수치와 그래프로 보여주죠.

2022년 4월 20일 내 블로그 조회 수 15건이 보이고, 방문 분석과 동영상 분석이 보여요. 방문 분석을 클릭하면 조회 수, 방문 횟수, 성별, 연령별 분포 3가지 데이터를 분석한 각각의 그래프가 아래처럼 나타납니다(동영상 분석은 내 블로그 콘텐츠 안에 동영상을 첨부한 경우에만 볼 수 있는 데이터예요).

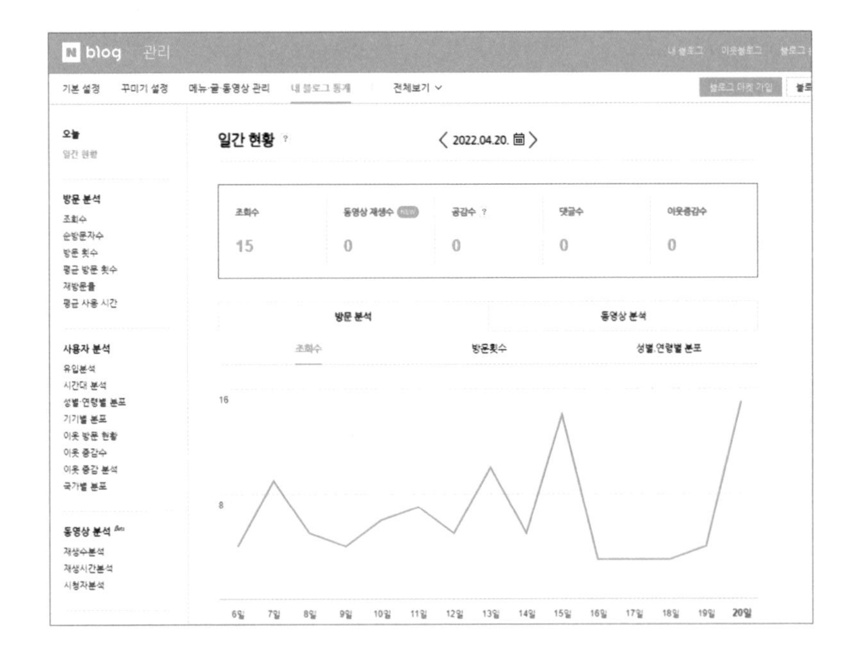

1) 조회 수 – 최근 2주 동안 내 블로그 게시글의 조회 수 증감 추이를 알 수 있어요.

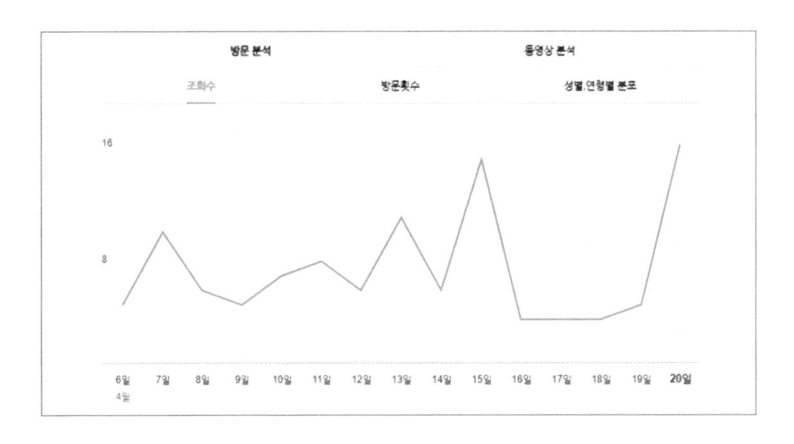

2) 방문 횟수 - 최근 2주 동안 내 블로그에 몇 번을 방문했는지 횟수 추이를 알 수 있어요.

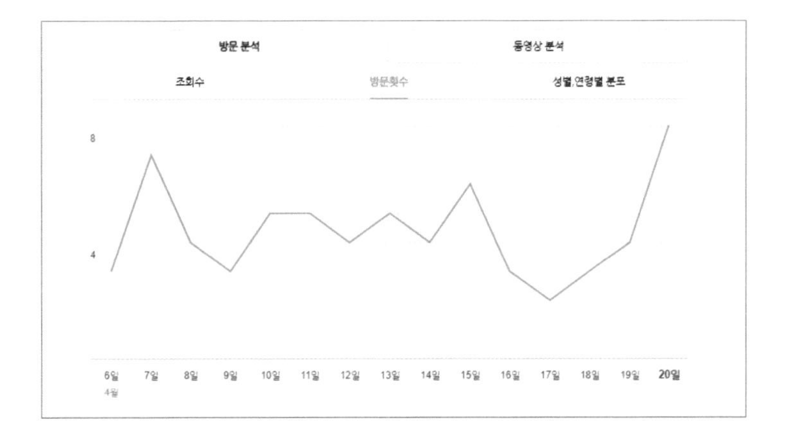

3) 성별/연령별 분포 – 2주 동안 내 블로그를 방문한 고객의 성별과 나이를 분석한 그래프를 보여줘요. 앞 장에서 페이스북/인스타그램 마케팅으로 핵심 고객 설정을 한 것 기억하시죠? 거기에서 내 서비스를 이용할 고객에 대한 연령대나 성별을 설정하는 게 있었는데요. 그림과 같이 네이버 블로그 통계에서 내 블로그 이용 고객의 성별/연령별 분포 데이터를 제공하기 때문에 우리는 이것을 페이스북, 인스타그램 마케팅을 할 때 데이터로 활용할 수 있어요. 그래서 블로그 통계에서 이 탭을 꼭 확인하고 퍼포먼스 마케팅을 할 때 활용해보세요.

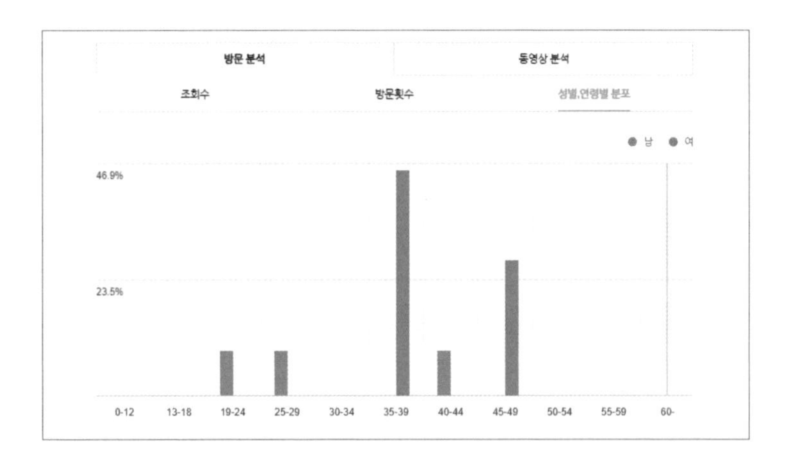

다음으로 게시물 조회 수 순위 메뉴가 보이고, 현재까지 내 블로그에 올린 콘텐츠 중에 조회 수가 가장 높은 1~5위 콘텐츠를 보여줍니다. '더 보기'를 클릭하면 콘텐츠의 타입(글/영상)까지 확인할 수 있어요.

게시물 조회수 순위

순위	제목	조회수
1	**모객 방법 중고책 부업으로 월100...**	**4**
2	[추천] 새로운 경기 창업 공모전 (~...	3
3	[온마연 1기 모집 종료] 온라인모...	2
3	다섯 번의 경진대회 운영, 온라인 ...	2
5	W-창업패키지 사업 담당자가 직...	1

더보기 >

동영상 재생수 순위

순위	동영상 제목	재생수
	해당 기간 내 순위 데이터가 없습니다.	

내 블로그 통계에서 가장 중요한 메뉴가 바로 유입 경로예요. 문자 그대로 어떤 경로를 통해서 고객이 유입되었는지를 수치로 보여주죠. 더 나아가 오른쪽에는 내 블로그의 어떤 콘텐츠로 고객이 접속했는지 링크 주소까지 확인할 수 있어요. 1장에서 경진대회 모객을 하면서 참가자들이 어떤 경로를 통해서 가장 많이 접속하고 신청했는지를 분석했다고 했는데요. 저라면 네이버 블로그 또는 카페를 구매(신청) 가능 플랫폼으로 만들고, 통계 기능으로 신청자들이 어떤 경로로 가장 많이 들어왔는지 데이터를 분석하고 활용할 거예요. 또 블로그(플랫폼)의 어떤 페이지에서 가장 많이 유입되었는지 파악하고, 페

이스북이나 카카오톡 채널에 그 페이지 링크를 첨부할 거예요. 여기에 유입률을 더 높일 수 있게 일 방문객이 1만 명 이상이 넘는 관련 네이버 카페 또는 모임 플랫폼에 이 링크를 남길 겁니다.

아래 내 블로그의 유입 경로를 살펴보면, 모바일에서 네이버 블로그를 이용한 고객이 30.77%로 가장 높았고요. 그다음으로는 PC에서 네이버 통합검색으로 들어온 고객이 23.08%로 나타났어요. 내 블로그 이용 고객에서 53% 이상이 네이버를 통해 유입되었음을 알 수 있어요. 눈에 띄는 정보는 이벤터스에서 유입률이 7.69%가 나왔다는 건데요, 모임 플랫폼 중 이벤터스가 가장 활성화되어 있고 유입률이 높다는 것이 블로그 통계에서 입증되네요. 네이버, 다음, 이벤터스 순으로 유입 경로 순위가 나왔습니다.

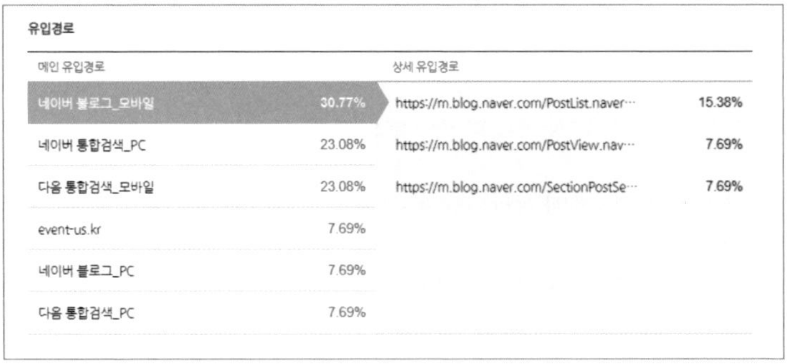

유입경로

메인 유입경로		상세 유입경로	
네이버 블로그_모바일	30.77%	https://m.blog.naver.com/PostList.naver…	15.38%
네이버 통합검색_PC	23.08%	https://m.blog.naver.com/PostView.nav…	7.69%
다음 통합검색_모바일	23.08%	https://m.blog.naver.com/SectionPostSe…	7.69%
event-us.kr	7.69%		
네이버 블로그_PC	7.69%		
다음 통합검색_PC	7.69%		

이번 장에서는 네이버 블로그 통계에서 내 블로그 유입률을 높일

수 있는 메뉴를 전체적으로 살펴봤어요. 다음은 통계 메뉴를 상세히 알아보도록 할게요.

02 네이버 블로그 통계 200% 활용방법① : 방문 분석

이번에는 네이버 블로그 통계 중에 방문 분석으로 고객 유입률을 높이는 방법을 알아볼게요. 방문 분석 메뉴에는 조회수, 순방문자 수, 방문 횟수, 평균 방문 횟수, 재방문율, 평균 사용시간이 있어요. 6가지 메뉴를 하나씩 확인하면서 유입률을 어떻게 높일 수 있는지 알려드릴게요.

1) '조회 수'는 최근 2주 동안 내 블로그의 조회 수를 보여주는데요. 앞에서는 날짜별로 조회 수만 보였는데, 방문 분석 조회 수에서는 전체, 피이웃, 서로이웃, 기타 구분별로 방문자를 디테일하게 나누어

내 블로그를 몇 번을 조회했는지 알 수 있어요. 이 기능은 블로그 안에서 이뤄지는 이웃 또는 서로이웃 맺기로 블로그를 키울 때 많이 활용해요. 여기처럼 기타에서 조회 수가 높게 나오고 있다면 모임 플랫폼 등으로 유입이 많이 되고 있다고 볼 수 있어요. 반대로 이웃이나 서로이웃에서 조회 수가 높으면 네이버 블로그 안에서 검색과 방문이 활발히 이뤄지고 있다고 볼 수 있어요.

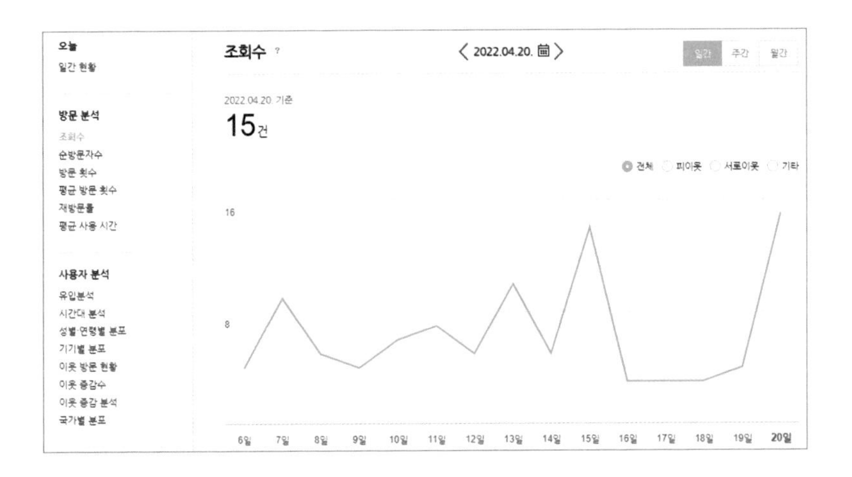

2) '순방문자 수'는 최근 2주 동안에 내 블로그에 유입된 실제 방문자 수치를 보여줘요. 조회 수는 높지만 구매 전환율이 낮은 경우가 있는데, 그럴 때 확인할 메뉴가 바로 순방문자 수예요. 내 블로그에 실제 몇 명의 고객이 다녀갔는지를 알 수 있어요. 예를 들어, 4월 28일에 1명이 내 블로그를 방문했다는데 모임 플랫폼(이벤터스)과 연동

해보니 1명이 콘텐츠를 구매했다면, 모임 플랫폼에서 내 콘텐츠 소개를 보고 블로그로 접속했음을 알 수 있어요. 물론, 모임 플랫폼의 콘텐츠 소개 페이지에 내 블로그가 링크 걸려 있을 때의 이야기입니다. 이렇게 네이버 순방문자 수에서 모객 플랫폼을 연동해서 어떤 고객이 들어왔는지도 파악할 수 있어요.

3) '방문 횟수'는 순방문자 수와 같이 놓고 데이터를 비교해보면 의미 있는 결과를 얻을 수 있어요. 4월 20일에 내 블로그에 순방문자 수가 8명으로 나오죠. 다음으로 방문 횟수가 같은 날짜에 8회로 나온다면, 4월 20일에 내 블로그에는 실제로 8명이 방문했고, 방문한 8명은 각각 1회씩 내 블로그에 접속했다는 것을 알 수 있어요. 이 데이터를 분석할 줄 알아야 내 블로그 유입률이 높은지 또는 낮은지를 알 수 있습니다.

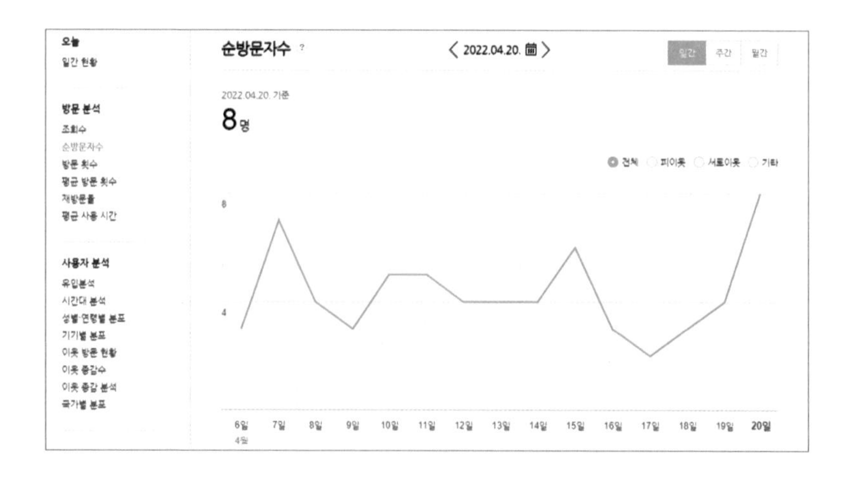

앞의 두 가지 데이터를 비교 분석하면 내 블로그에 방문하는 고객들은 접속했을 때에 평균적으로 1회 방문한다는 것을 알 수 있어요. 그래서 다음에 있는 평균 방문 횟수를 보면 최근 1주일 동안 평균 방문 횟수가 1회로 나타나는 것을 볼 수 있어요.

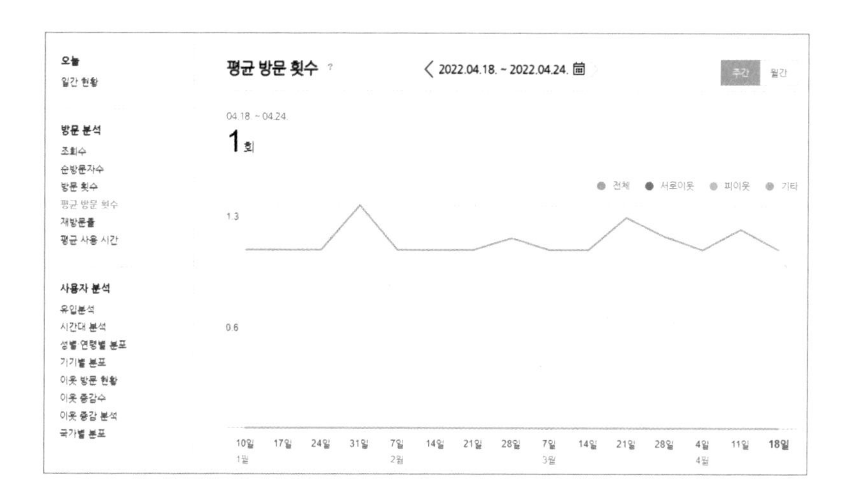

평균 방문 횟수가 1회이기 때문에 재방문율은 0%로 나오는데요. 눈여겨볼 수치는 4월 4일부터 4월 10일까지 재방문율이 5.6%로 높게 나타난 구간이에요.

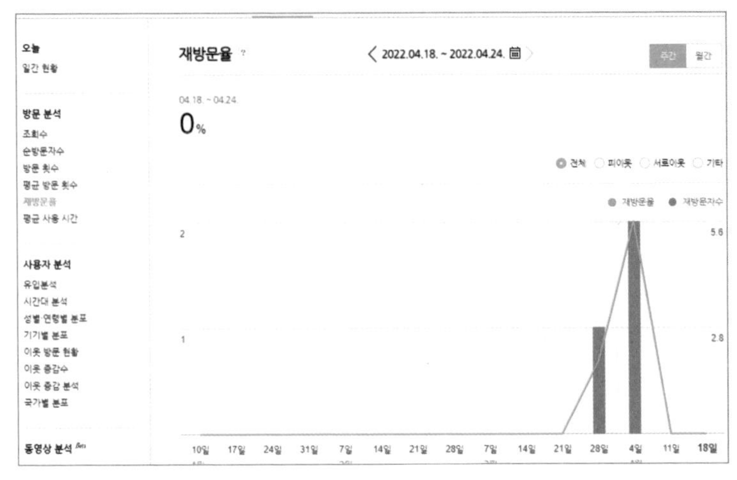

기간	전체		피이웃		서로이웃		기타	
	재방문자수	재방문율	재방문자수	재방문율	재방문자수	재방문율	재방문자수	재방문율
04.18. ~ 04.24.	0	0%	0	0%	0	0%	0	0%
04.11. ~ 04.17.	0	0%	0	0%	0	0%	0	0%
04.04. ~ 04.10.	2	5.6%	0	0%	0	0%	2	5.6%
03.28. ~ 04.03.	1	1.9%	0	0%	0	0%	1	1.9%

이 기간에 재방문율이 5.6%가 나오고, 재방문자 수가 2로 증가한 것은 어떤 이유일까요? 이것을 알아내는 것이 온라인 모객에서 유입률을 높이는 팁이 되죠. 회원 모객을 시작하고 4월 4일부터 4월 11일까지 4명이 신청을 했는데요. 신청자 4명 중 2명이 다시 내 블로그에 접속해서 콘텐츠 랜딩페이지를 다시 살펴봤을 거예요.

방문 분석에서 마지막 메뉴인 평균 사용 시간을 살펴볼게요. 4월 22일에 기타에서 평균 22분 32초를 사용했다고 확인된다면 이것은 어떻게 해석할 수 있을까요? 일반적으로 블로그는 이웃을 추가해서 이웃들의 방문을 늘리죠. 그런데 저는 블로그를 콘텐츠 플랫폼으로 만들었어요. 그래서 내 블로그는 단순히 나와 소통하는 이웃들이 방문하는 곳이 아닌 거죠. 내 콘텐츠를 구매할 고객들이 들어와야 해요. 그래서 다른 인콜 채널을 통해서 내 블로그로 유입되는 고객들(기타)이 많은 거죠. 그리고 실제로 모임 플랫폼 등을 통해서 온마연 1기 회원 10명을 모객해서 실제로 회원가입(결제)을 했어요.

그리고 블로그 지수(네이버에서 해당 블로그를 상위에 노출시켜주는 지표들을 뜻해요)에서 페이지 내 체류 시간이 중요한데요. 보통 3분 이상 넘어가면 그 블로그의 콘텐츠가 전문적인 내용이고, 우수하다고 네

이버 C-rank에서 판단한다고 합니다. 그런데 이보다 7배가 넘는 체류 시간을 보였다는 것은 내 블로그에 올린 콘텐츠 랜딩페이지를 고객이 중간에 내 블로그를 이탈하지 않고, 끝까지 집중력 있게 봤다고 볼 수 있어요. 6장에서 다룬 랜딩페이지 만드는 방법을 마스터하면 아래에서 보는 것처럼 좋은 수치를 받을 수 있어요.

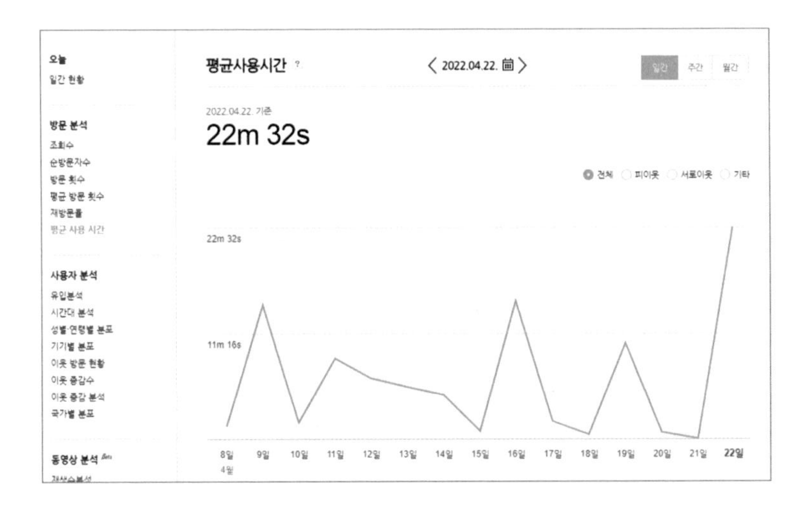

다음은 네이버 블로그 통계의 사용자 분석에 대해 다뤄볼게요.

03 네이버 블로그 통계 200% 활용방법② : 사용자 분석

이번에는 네이버 블로그 통계 중에 사용자 분석으로 유입률을 높이는 방법을 알아볼게요. 사용자 분석에는 유입 분석, 시간대 분석, 성별/연령별 분포, 기기별 분포, 이웃 방문 현황, 이웃 증감 수, 이웃 증감 분석, 국가별 분포까지 총 8가지 메뉴가 있는데요. 저는 블로그를 콘텐츠 플랫폼으로 만들었기 때문에 유입 분석에서부터 기기별 분포까지를 다뤄보겠습니다.

유입 분석을 선택하면 전체, 검색 유입, 사이트 유입까지 세부 메뉴가 나타나요. 먼저 전체에서 유입 경로를 보여주죠. 내 블로그는 네이버 블로그 모바일에서 50%가 검색을 했다는 게 나오네요. 고객 중 절반이 스마트폰으로 네이버 블로그에서 검색하고 내 블로그로 들어왔다고 볼 수 있어요.

상세 유입 경로에서, 블로그 안에 어떤 페이지에서 유입이 가장 많이 일어났는지를 알 수 있어요. 4월 13일 블로그에 포스팅한 콘텐츠(온라인 모객으로 여성창업경진대회 참가자 3년 연속 1천 팀을 넘기다)가 상세 유입 경로 40%로 가장 높은 비중을 차지했네요.

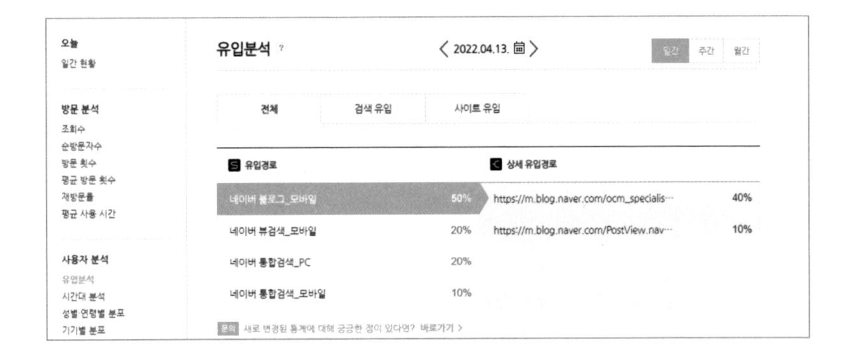

어떤 페이지인지 궁금하면 링크 주소를 클릭하면 됩니다. 그러면 아래처럼 어떤 페이지인지 눈으로 확인할 수 있어요. 클릭하면 고객이 '모객 플랫폼'이라는 키워드를 검색했음을 페이지로 보여줘요.

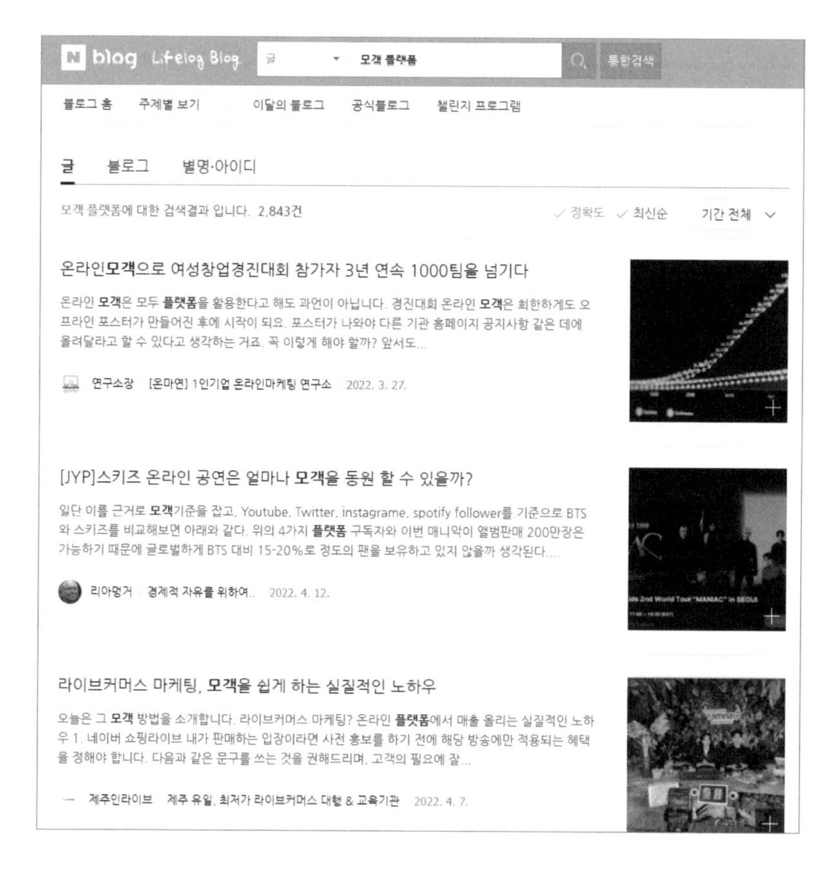

VIEW 탭을 보면 1페이지 2번째에 온마연 블로그가 보이죠? 내 고객이 스마트폰 네이버 블로그에서 '모객 플랫폼' 키워드를 검색했고, 핸드폰 화면을 아래로 내리다가 VIEW 탭에 보인 온마연 블로그 글 제목을 보고 내 블로그로 들어왔음을 알 수 있죠.

N 모객 플랫폼

통합 VIEW 이미지 지식iN 인플루언서 동영상 쇼핑 뉴스 어학사전 지도 ···

UPI www.upinews.kr › newsview

명품 플랫폼, 모객은 활발한데...'재고없음' 대응방안은? - UPI뉴스

발란·트렌비·머스트잇·캐치패션 등 명품 플랫폼들이 스타 광고모델을 기용하며 고객 모시기 경쟁이 한창인 가운데... 제휴계약을 맺은 부티크에 AI 실시간 재고 파악 시스템을 구축했지만, 구매대행의 경우 플랫폼 내 입점업체이기 때문이다... [김지우 기자] "재고가 없는데 왜 결제하게 하나"...명품 플랫폼 품절 주의보 D 씨는 지난달...

2021.12.10.

brunch.co.kr › @bellrings

3가지만 있으면 플랫폼이 만들어진다?! - 글이 작품이 되는 공간, 브런치

INTRO | "플랫폼 모델링은 교차네트워크가 워킹하는 구조" 이전 연재에서 글로벌 Top 10브랜드가 플랫폼에 집중하는 이유 에 대해서 살펴보았습니다 :) 부족한 글임에도 불구하고 많은... 그만큼 많은 사람들이 플랫폼의 중요성에 대해 인식하고 있고, 플랫폼 비즈니스에 관심이 많다는 것을 느꼈습니다. 앞으로도 되도록 부족한 ...

2018.04.30.

VIEW • 전체 • 블로그 • 카페

영어의 신 (辛) - 슈퍼윌의 비밀노트 2021.07.20.

< 30일만에 신규고객 매일 9명씩 300명을 자동으로 모으는 실전 ...

30일안에 신규고객 매일 9명씩 300명을 자동으로 모집하는 실전 **모객**노하우 - 유료 2만원 "차별화를... 많은 분들이 오픈방 다음**플랫폼**이 머냐고 물어보고, 차별화를 ...

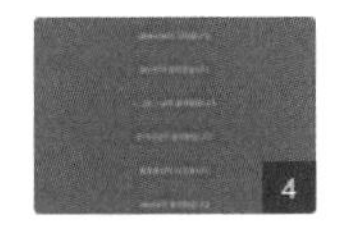

[온마연] 1인기업 온라인마케팅 연구소 2022.03.27.

온라인**모객**으로 여성창업경진대회 참가자 3년 연속 1000팀을 넘...

온라인 **모객**은 모두 **플랫폼**을 활용한다고 해도 과언이 아닙니다. 경진대회 온라인 **모객**은 회한하게도 오프라인 포스터가 만들어진 후에 시작이 되요. 포스터가 나와...

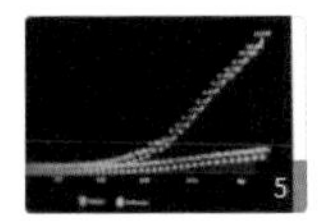

#온라인모객 #블로그모객 #여성창업경진대회 #W창업패키지

모객 방법 중고책 부업으로 월100만원 벌기(#모객방법 #직장인부업)
[온마연 1기 모집 종료] 온라인**모객** 1달 만에 고객 1000명 모으기(#온라인마...

경제적 자유를 위하여.. 2022.04.12.

[JYP]스키즈 온라인 공연은 얼마나 **모객**을 동원 할 수 있을까?

일단 이를 근거로 **모객**기준을 잡고, Youtube, Twitter, instagrame, spotify follower를 기준으로 BTS와 스키즈를 비교해보면 아래와 같다. 위의 4가지 **플랫폼** 구독자와 ...

앞의 5장에서 내 블로그에 적합한 키워드 검색량을 찾는 방법을 배웠는데요. 이 고객이 검색한 키워드 '모객 플랫폼'을 검색하면 검색량이 2,843건으로 나옵니다. 이제 막 내 비즈니스를 알리기 시작한 단계니까 2,800여 건 검색량이면 1페이지 상위 노출이 가능하겠죠.

다음은 사이트 유입이에요. 사이트 유입이 50%로 확인되니 검색 유입 비율과 1:1이군요. 사이트 유입은 모두 스마트폰 네이버 블로그로 들어왔고요. 상세 유입 경로에서 비중이 가장 높은 80% 페이지 링크를 클릭하면 내 블로그의 어떤 페이지로 접속했는지 눈으로 확인할 수 있습니다.

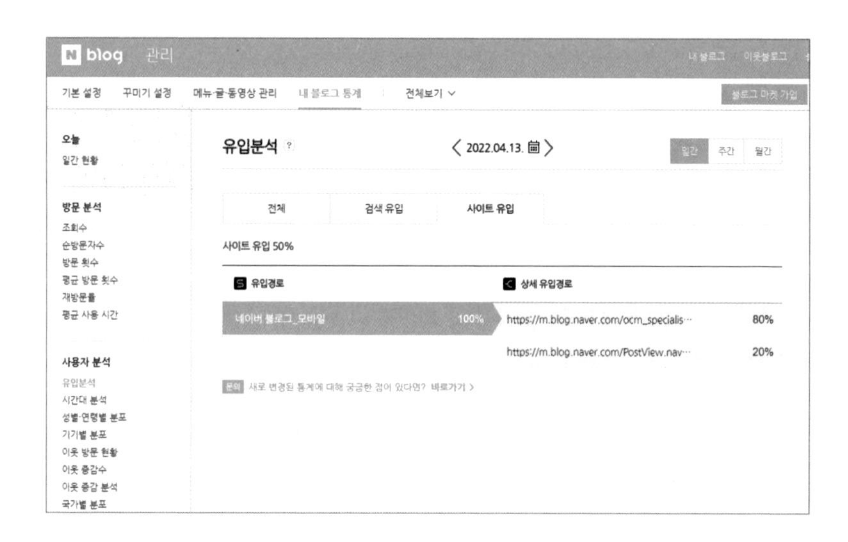

이제 시간대 분석을 살펴볼게요. 4월 13일 하루 24시간 동안 어느 시간대에 고객들이 내 블로그로 들어왔는지를 보여주는 데이터예요.

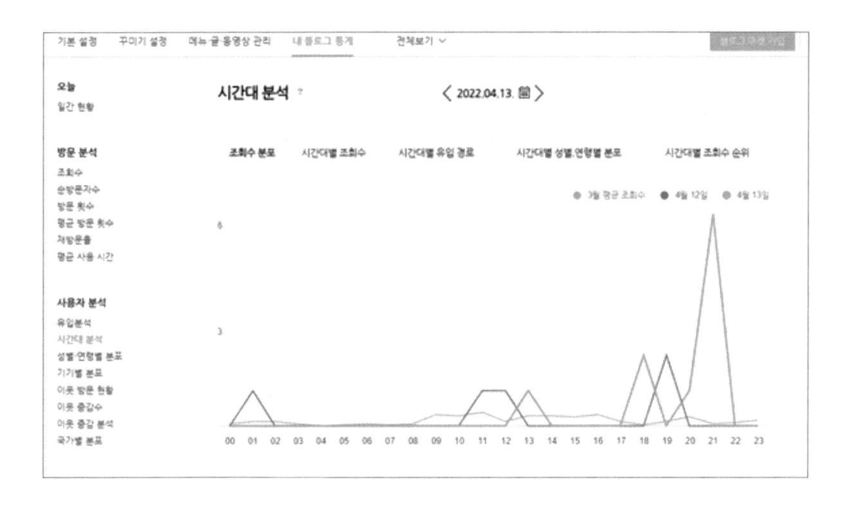

초록색 선이 4월 13일 조회한 그래프인데, 삼각형 모양으로 표시된 구간이 내 블로그를 조회한 시간대예요. 12~14시, 17~19시, 20~22시로 나오는데요. 고객들이 점심 시간, 퇴근 시간, 집에 있는 시간에 검색해서 들어왔음을 알 수 있어요. 만약에 내 콘텐츠를 소개하는 콘텐츠를 특정 시간대에 광고를 집행한다고 하면 시간대 분석에서 얻은 데이터를 활용해서 점심, 퇴근, 저녁(집) 시간에 광고 노출이 되도록 전략적으로 시간대별 광고를 배치하겠죠.

내 블로그에서 콘텐츠를 발행할 때도 이 데이터를 활용해서 전략적으로 포스팅을 할 수가 있어요. 블로그 글쓰기에서 발행을 클릭하면 위와 같이 발행 시간을 예약할 수 있는데요. 내 블로그 콘텐츠가 고객들이 집중적으로 검색하는 시간대에 노출되도록 시간을 예약 설정할 수 있습니다. 앞에 데이터 분석에서 20~22시에 가장 조회 수가 높았으니까 포스팅 발행 시간을 19시 50분으로 하는 거죠. 이렇게 하면 5장에서 익힌 키워드 검색량에 맞는 블로그 콘텐츠를 만들어 1페이지 상위 노출이 가능해져요. 더불어 고객들이 가장 많이 검색하는 시간대에 내 블로그가 보이기 때문에 유입률이 더 높아지겠죠.

성별/연령별 분포에서는 조회 수 기준과 순방문자 수 두 가지 기준으로 데이터를 보여줘요. 조회 수 기준으로 30~34세 여성, 35~39세 남성, 25~29세 남성 순으로 조회 수가 높게 나타났어요.

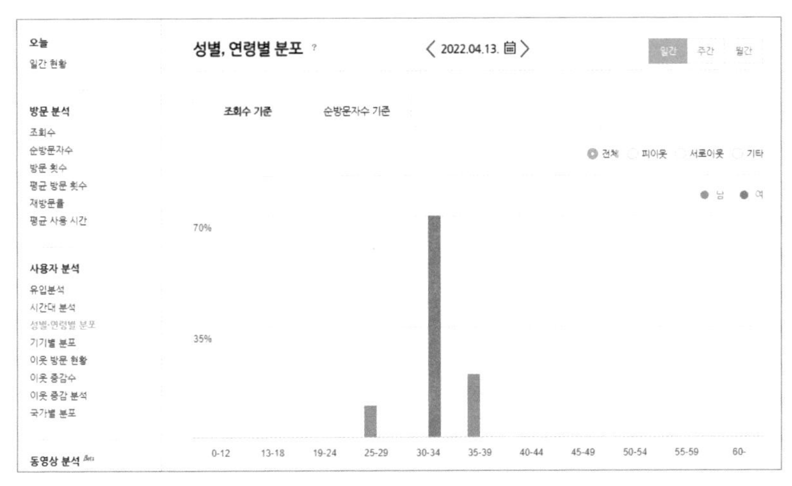

연령별	성별	조회수	비율	연령별	성별	조회수	비율
전체	**남**	**3**	**30.0%**	35-39	남	2	20.0%
	여	**7**	**70.0%**		여	0	0.0%
0-12	남	0	0.0%	40-44	남	0	0.0%
	여	0	0.0%		여	0	0.0%
13-18	남	0	0.0%	45-49	남	0	0.0%
	여	0	0.0%		여	0	0.0%
19-24	남	0	0.0%	50-54	남	0	0.0%
	여	0	0.0%		여	0	0.0%
25-29	남	1	10.0%	55-59	남	0	0.0%
	여	0	0.0%		여	0	0.0%
30-34	남	0	0.0%	60-	남	0	0.0%
	여	7	70.0%		여	0	0.0%

문의 새로 변경된 통계에 대해 궁금한 점이 있다면? 바로가기 >

단위 : 건

성별/연령별 분포 데이터는 3장에서 페이스북 마케팅 핵심 고객 설정을 하는 과정에서 활용할 수 있어요. 내 광고를 노출할 고객 연령과 성별을 블로그 사용자 분석 성별/연령별 분포에 나온 결과대로 30대 여성, 20~30대 남성으로 광고 타깃을 지정할 수 있어요.

다음은 기기별 분포예요. 기기별 분포에서는 내 블로그 들어온 고객이 이웃인지 여부를 보여주고, 모바일과 PC에서 성별/연령별로 얼마만큼 조회하는지 그래프로 보여줍니다. 기타(모임 플랫폼 이용자)로 들어온 고객 중에 80%가 스마트폰으로 접속했음을 알 수 있네요.

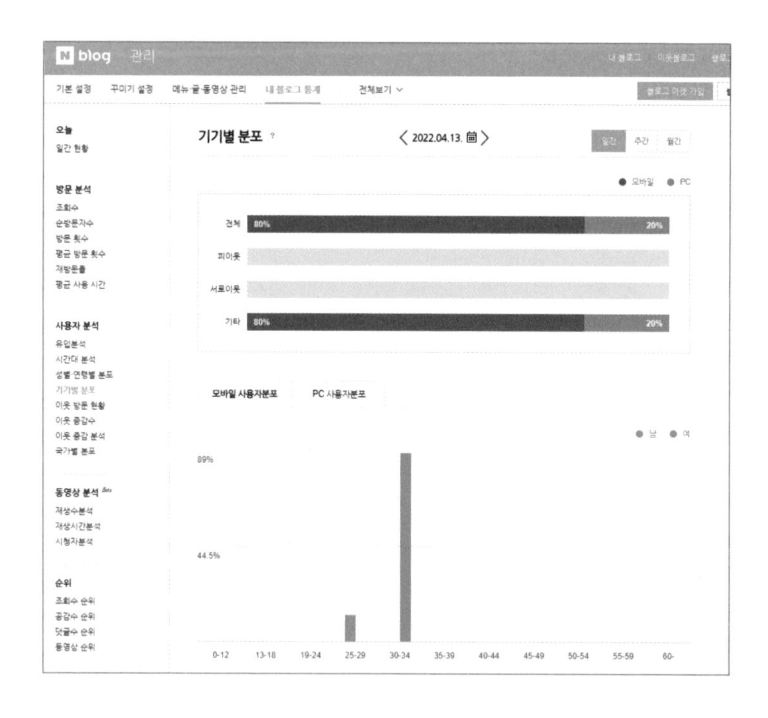

이렇게 네이버 블로그 사용자 분석으로 내 콘텐츠를 구매할 고객의 성별 또는 연령, 블로그에서 고객들이 많이 검색하는 키워드, 내 블로그 인기 콘텐츠 등의 정보를 얻을 수 있습니다. 이것은 페이스북, 네이버 키워드, 모임 플랫폼에서 핵심 고객 설정(타기팅)에 반드시 필요한 정보들이죠. 그래서 블로그 통계 기능을 제대로 활용한다면 시장 분석에 비용을 들이지 않고도 내 서비스를 구매할 유효 고객들을 잡을 수 있습니다. 다음은 네이버 블로그 통계 200% 활용방법(크리에이터 어드바이저)에 대해 알아볼게요.

04 네이버 블로그 통계 200% 활용방법③ : 크리에이터 어드바이저

네이버 크리에이터 어드바이저는 네이버에서 다양한 창작 활동을 하는 창작자들을 위한 통합 통계 서비스입니다. 네이버에서 글을 쓰고, 사진을 찍고, 동영상을 만들고, 사용자와 소통하느라 바쁜 네이버 이용 고객들에게 창작 활동에만 집중할 수 있도록 창작 활동 외의 모든 작업을 지원하는 서비스라고 보면 돼요.

네이버 크리에이터 어드바이저는 네이버에서 블로그 외에 카페, 스마트스토어 등 다른 플랫폼들을 함께 사용하는 경우에 유용한 서비스입니다. 지금부터 크리에이터 어드바이저 활용방법을 화면을 통해 알려드릴게요.

블로그 관리의 왼쪽 메뉴 화면에서 스크롤을 아래로 내리면 밑에서 4번째에 크리에이터 어드바이저가 보여요. 이것을 클릭하면 다음과 같은 화면이 나와요.

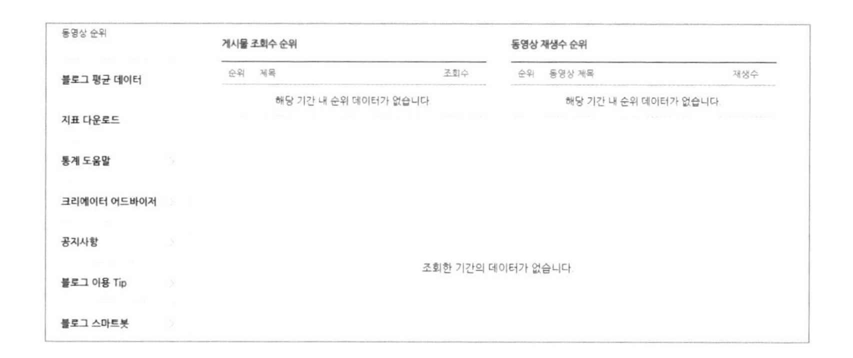

화면 가운데에 네이버에서 내가 사용하고 있는 플랫폼 종류와 이름이 표시되어 보이죠. 저는 온마연 블로그를 사용한다고 나오고 있어요. 날짜별로 데이터가 나오는데요. 데이터 항목은 앞에 블로그 통계에서 봤던 것들과 같은 것들이 많아요. 크리에이터 어드바이저는 블로그 외에 다른 플랫폼까지 모든 데이터를 보여준다고 이해하면 됩니다.

4월 13일로 날짜를 설정하고 데이터 검색을 해봐요. 항목은 조회수, 조회 수 순위, 방문 횟수, 순방문자 수 … 댓글 수까지 있어요. 블로그 통계처럼 최근 2주 동안에 조회 수 추이를 꺾은 선 그래프로 볼 수 있어요.

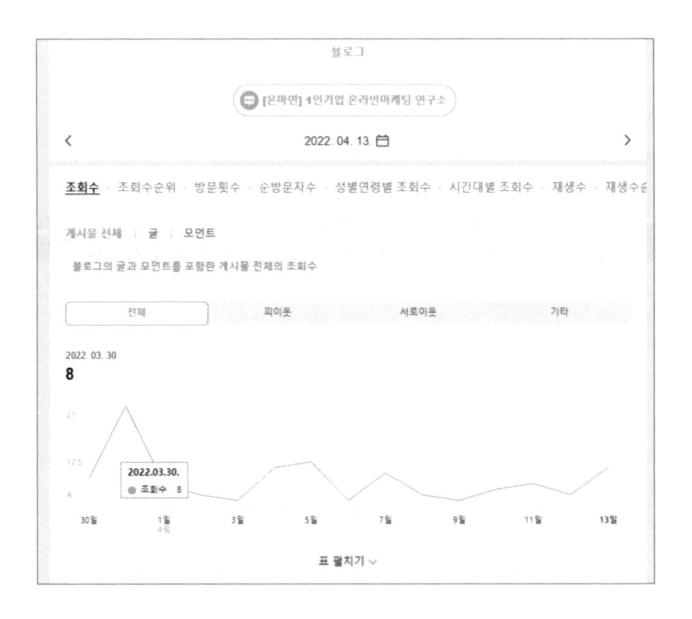

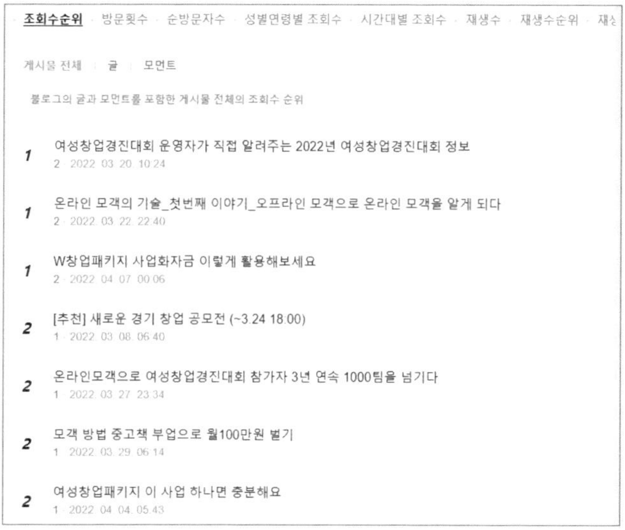

조회수순위 · 방문횟수 · 순방문자수 · 성별연령별 조회수 · 시간대별 조회수 · 재생수 · 재생수순위 · 재상

게시물 전체 | 글 | 모먼트

블로그의 글과 모먼트를 포함한 게시물 전체의 조회수 순위

1 여성창업경진대회 운영자가 직접 알려주는 2022년 여성창업경진대회 정보
2 · 2022. 03. 20. 10:24

1 온라인 모객의 기술_첫번째 이야기_오프라인 모객으로 온라인 모객을 알게 되다
2 · 2022. 03. 22. 22:40

1 W창업패키지 사업화자금 이렇게 활용해보세요
2 · 2022. 04. 07. 00:06

2 [추천] 새로운 경기 창업 공모전 (~3.24 18:00)
1 · 2022. 03. 08. 06:40

2 온라인모객으로 여성창업경진대회 참가자 3년 연속 1000팀을 넘기다
1 · 2022. 03. 27. 23:34

2 모객 방법 중고책 부업으로 월100만원 벌기
1 · 2022. 03. 29. 06:14

2 여성창업패키지 이 사업 하나면 충분해요
1 · 2022. 04. 04. 05:43

크리에이터 어드바이저에서 조회 수 순위는 블로그 등 플랫폼을 운영하는 사람들이 관심 있게 봐야 할 항목이에요. 지정한 날짜로부터 최근 2주 동안에 내 블로그에서 조회 수가 가장 높았던 콘텐츠 1~2위를 보여줘요.

앞서 드린 설명에서는 방문자 수와 순방문자 수를 보는 화면이 따로 있었는데요, 크리에이터 어드바이저에서는 다음과 같이 두 개의 그래프를 한 화면에 놓고 수치를 비교할 수 있어서 분석이 보다 쉽다는 장점이 있어요.

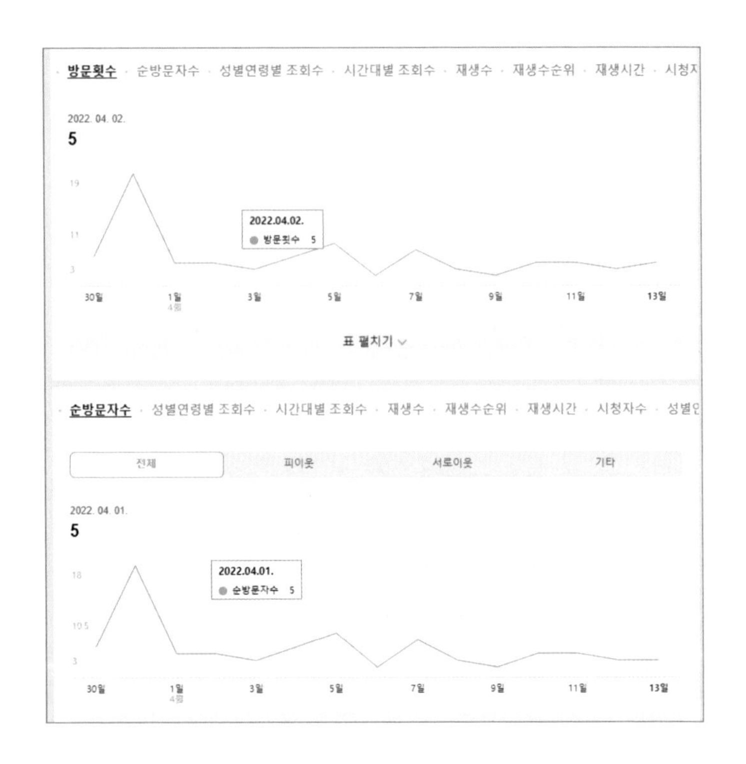

성별/연령별 조회 수는 막대그래프로 직관적으로 보여주고요.

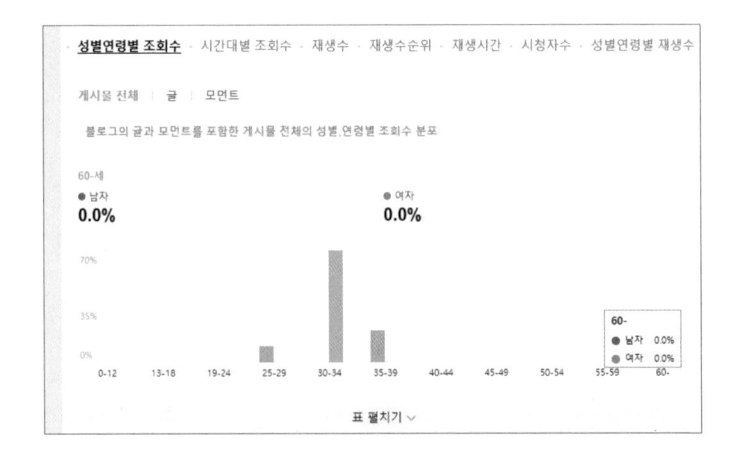

시간대별 조회 수는 다음과 같이 나타나요.

내 플랫폼에 동영상을 올렸다면 동영상에 대한 크리에이터 어드바이저 데이터를 확인할 수 있어요. 크리에이터 어드바이저는 네이버에 이용하는 플랫폼들을 대상으로 보여주는 통계예요. 네이버에서 2개 이상 플랫폼을 운영하는 1인 기업가라면 카페면 카페, 블로그면 블로그에 각각 접속해서 관리자 모드에서 유입 데이터를 확인해야 하는 번거로움 있어요. 하지만 네이버 크리에이터 어드바이저를 활용하면 1개의 플랫폼에 접속해도 내가 네이버에서 사용하고 있는 모든 플랫폼에 대해 유입 분석 데이터를 한눈에 볼 수 있어요. 마지막 장에서는 유입 검색어 트렌드로 블로그 상위 노출과 유입률을 높이는 꿀팁을 다뤄볼게요.

N CreatorAdvisor 고객센터

크리에이터 어드바이저 소개

유사한 도움말 1

데이터 분석으로 효율적인 창작 활동 지원

크리에이터 어드바이저(Creator Advisor)는 네이버의 다양한 서비스에서 창작 활동을 하는 창작자들을 위한 통합 통계 서비스입니다.

글 쓰고, 사진 찍고, 동영상 만들고, 사용자와 소통하느라 바쁜 일상에서 창작 활동에만 집중할 수 있도록 창작 활동 외의 모든 작업을 지원합니다.

운영하는 채널들의 데이터를 한눈에

네이버의 여러 서비스 채널에서 창작 활동을 하는 창작자를 위한 통합 통계를 제공합니다.

각 서비스별 통계를 따로 확인하지 않아도 내가 운영하는 서비스 채널의 실시간 현황을 한눈에 확인할 수 있습니다.

검색에서 내 채널로 얼마나 어떻게 유입될까?

네이버 검색 결과에서 내 채널로 유입되는 검색어와 각 검색어별 유입 비율을 확인할 수 있습니다.

검색어 단위로 내 채널로의 유입이 다른 사용자와 비교해 많은지 적은지 알 수 있습니다.

많이 유입되는 게시물은 무엇이고 그 게시물과 내 게시물은 얼마나 차이가 나는지 비교할 수 있습니다.

05 유입 검색어 트렌드로 블로그 상위 노출과 유입률 높이는 꿀팁

마지막으로 네이버 크리에이터 어드바이저 유입 분석 데이터를 이용해 내 블로그를 상위로 노출시키는 방법과 유입률을 높이는 꿀팁을 알려드리겠습니다.

크리에이터 어드바이저에서 유입 분석을 클릭하면 다음 장과 같은 화면이 나옵니다.

앞에서 유입 경로 데이터는 확인과 분석이 끝났죠. 곧바로 유입 검색어 트렌드를 클릭해서 데이터를 확인해보세요. 4월 11일부터 4월 13일까지 고객들이 검색한 검색어들이 나옵니다.

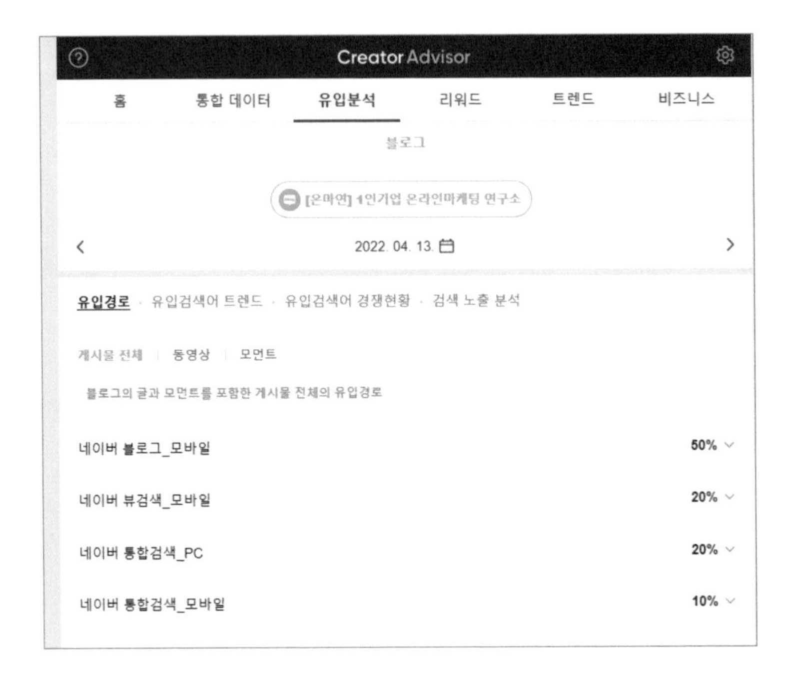

이 검색어들을 눈여겨보세요. 온마연 블로그에서 포스팅한 콘텐츠와 연관성이 높은 검색어들이죠. 4월 12일에 고객들이 여성창업경진대회, 여성창업경진대회 경쟁률, 예비창업리그라는 키워드로 검색을 하다가 내 블로그를 발견하고 유입이 되었다고 나오죠. 채널 유입률 80%. 블로그 포스팅에서 고객이 검색할 만한 검색어를 잘 찾아야 하는데요. 그러면서 검색어 경쟁률이 너무 높지 않은 키워드로 해야 합니다. 4월 12일에 유입 검색어 트렌드 키워드 3가지를 내 블로그 키워드로 활용하는 거죠.

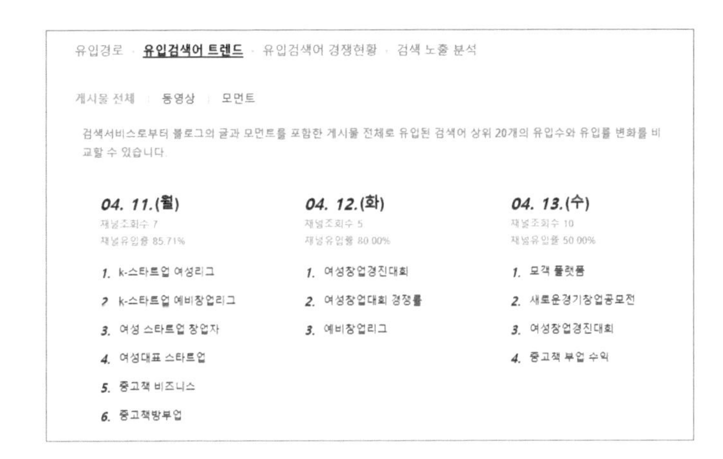

이때, 각 검색어의 검색량을 확인하는 것은 필수입니다.

1) 여성창업경진대회 경쟁률 : 57건

2) 여성창업경진대회 : 2,520건

3) 예비창업리그 : 3,965건

1)~3) 모두 내 블로그에서 포스팅했을 때, 네이버 1페이지 상위 노출이 가능한 것으로 볼 수 있어요. 여성창업경진대회로 검색하면 블로그에서 상위 3번째로 '온마연' 블로그가 노출되어 있음을 알 수 있습니다.

유입 검색어 경쟁 현황은 내 게시물의 검색어별 유입 수를 타 게시물의 검색어별 유입 수와 비교하는 데이터예요. 검색 결과에서 해당 검색어로 유입된 게시물 중에서 가장 많은 검색 유입 수를 100으로 환산해서, 각 게시물의 검색 유입 수를 상대 비교하여 지수화해서 보여줘요. 전제 조건은 각 게시물로의 검색 유입 수가 6 이상인 경우의 데이터만 제공한다고 해요. 블로그의 '게시물 전체'는 글과 모먼트를 포함한 전체 게시물을 포함하고, '동영상'은 블로그 글에 삽입된 동영상 유입 수를 뜻해요. '모먼트'는 모먼트 콘텐츠의 유입 수 경쟁력 데이터를 의미해요.

다음으로 검색 노출 분석입니다. 그림과 같이 해당 날짜에 검색 노출 트렌드 지수, 검색 유입 트렌드 지수, 검색 유입률 지표를 확인할 수 있어요.

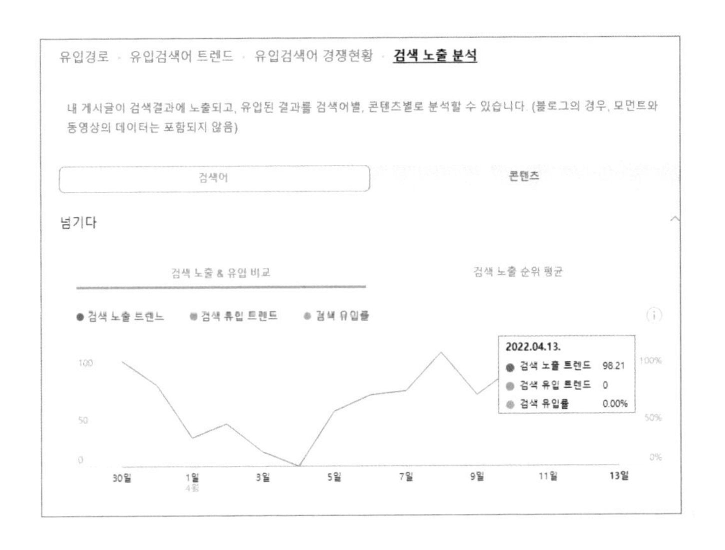

콘텐츠에서 검색 노출 분석은 다음과 같은 화면으로 나타나요.

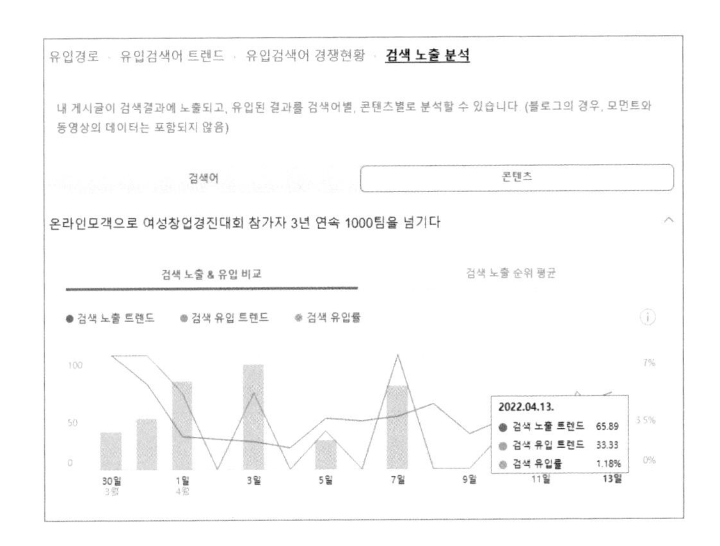

또 하나 주목할 항목이 검색어별 통계 순위예요. 네이버 크리에이터 어드바이저에서 추출한 검색어 리스트에서 내 블로그 콘텐츠가 노출과 유입 정도를 지표(상대평가 개념)로 확인할 수 있고요. 해당 검색어를 네이버 VIEW 탭에서 검색했을 때, 일자별 평균 순위 데이터를 얻을 수 있어요.

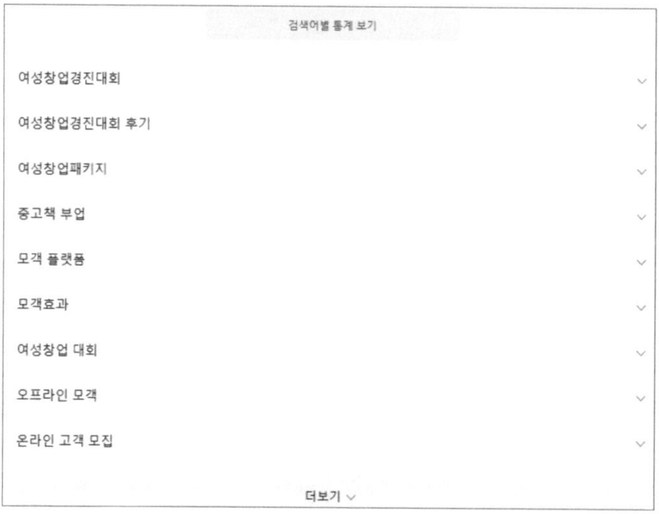

검색어별 통계 보기

여성창업경진대회
여성창업경진대회 후기
여성창업패키지
중고책 부업
모객 플랫폼
모객효과
여성창업 대회
오프라인 모객
온라인 고객 모집

더보기

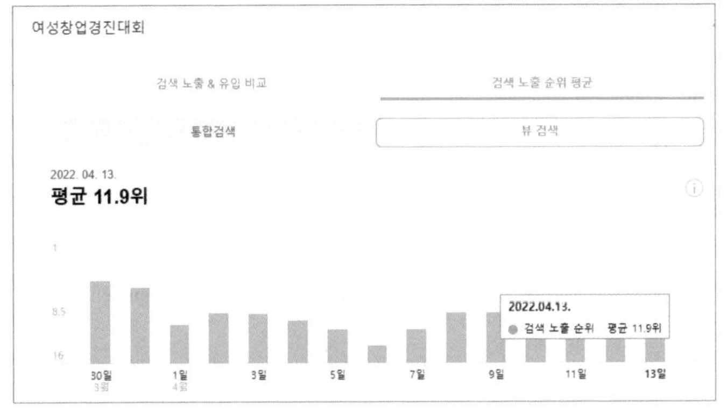

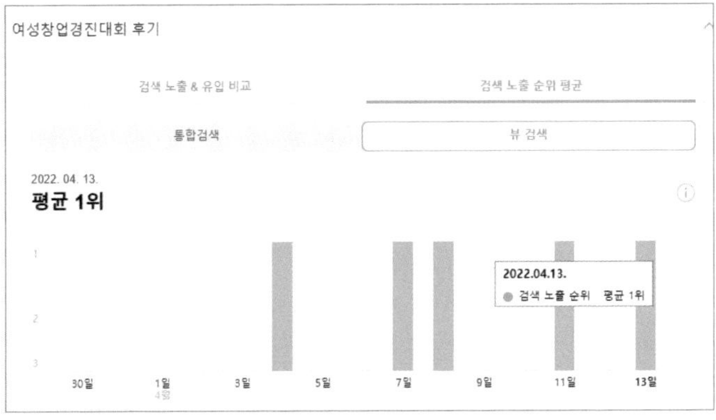

두 개의 그래프를 비교해보면, 여성창업경진대회 후기 키워드로 검색했을 때 내 블로그 검색이 더 잘 되고 있음을 알 수 있죠. 그렇다면 우리는 이 정보를 이용해서 블로그 포스팅을 할 때 키워드 선정부터 '여성창업경진대회 후기' 또는 이와 연관된 검색어를 사용해야 노출 효과가 높겠죠. 여기에 한 걸음 더 나아가, 노출 평균 1위 데이터를 기반으로 내 블로그에 유입된 고객이 구매 결정(예: 참가 신청)을 할

수 있도록 이 콘텐츠 안에 랜딩페이지를 만들어 넣으면 전환율도 상승할 거예요.

7장에서는 네이버 블로그 통계와 크리에이터 어드바이저를 활용해 유입률과 전환율을 높이는 방법을 자세히 알아보았어요. 7장을 끝으로 '온라인 모객의 기술'을 마치겠습니다. 온라인 모객 성공이 여러분의 비즈니스 성공의 첫걸음임을 기억하세요.

7장 Point!

블로그 통계로 내 블로그 유입률 높이기

- 유입 경로에서 어떤 경로와 콘텐츠에서 고객이 가장 많이 유입되었는지 확인하여 내 블로그로 고객이 더 많이 유입될 수 있게 하세요.

네이버 블로그 통계 200% 활용방법

1. 방문 분석과 사용자 분석으로 나온 지표들(예: 내 블로그에서 검색을 많이 한 키워드)을 확인하고 핵심 고객 설정에 필요한 키워드를 모으세요. 통계 기능을 제대로 활용하면 시장 분석 비용을 들이지 않고도 내 서비스를 구매할 유효 고객들을 타기팅targeting 할 수 있어요.
2. 크리에티어 어드바이저에서 조회 수 순위는 지정한 날짜로부터 최근 2주 동안 내 플랫폼에서 조회 수가 가장 높았던 콘텐츠 1~2위를 보여줘요. 크리에이터 어드바이저를 활용하면 1개의 플랫폼에 접속해도 내가 네이버에서 사용하고 있는 모든 플랫폼에 대해 유입 분석 데이터를 한눈에 볼 수 있어요.

1일 1포스팅 하지 않고 모객하는 6단계 비법

온라인 모객의 기술

초판 1쇄 인쇄 2022년 7월 22일
초판 1쇄 발행 2022년 7월 31일

지은이 강기호(월간모객)

기획 퍼블루션
책임편집 지은정
편집 윤소연

디자인 강수진
마케팅 총괄 임동건
마케팅 지원 전화원 한민지 이제이 한솔 한울
경영지원 임정혁 이지원

펴낸이 최익성
출판 총괄 송준기
펴낸곳 파지트
출판등록 2021-000049호

제작지원 플랜비디자인

주소 경기도 화성시 동탄원천로 354-28
전화 070-7672-1001 **팩스** 02-2179-8994 **이메일** pazit.book@gmail.com

ISBN 979-11-92381-12-1 04320
979-11-92381-05-3 (세트)

* 이 책은 저작권법에 따라 보호받는 저작물이므로 무단 전재와 무단 복제를 금지하며, 이 책의 내용을 전부 또는 일부를 이용하려면 반드시 저작권자와 파지트의 서면 동의를 받아야 합니다.
* 잘못된 책은 바꿔 드립니다.
* 책값은 뒤표지에 있습니다.

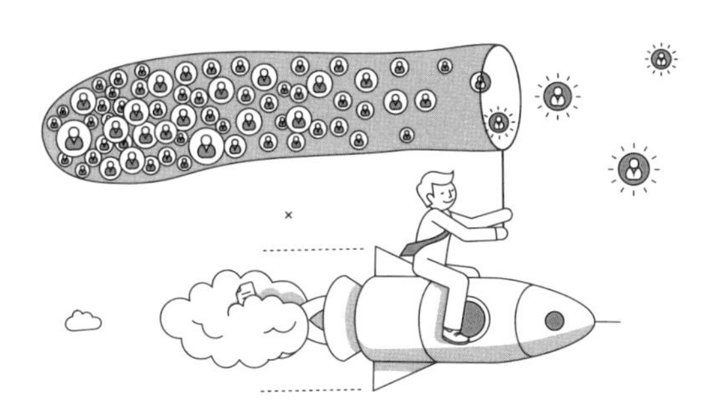